COUNTRY

JASPER CONRAN

COUNTRY

VOM CHARME ENGLISCHEN LANDLEBENS

FOTOGRAFIEN VON
ANDREW MONTGOMERY

AUS DEM ENGLISCHEN VON
STEFAN LEPPER

Bassermann

Dieses Buch widme ich in tiefer Zuneigung Kathy Gilgunn, Aileen Skinns,
Sue Foulston und Karin Streford-Grainger.

EINFÜHRUNG

»Country« ist eine Idee, eine Stimmung, ein Konglomerat und kann in vielfältigster Weise wahrgenommen werden. Schließen Sie Ihre Augen und stellen sich die englische Kulturlandschaft vor. Was sehen Sie, was hören, riechen, fühlen oder schmecken Sie? Eine weite, schöne Landschaft kann Ihnen in den Sinn kommen oder die Wärme eines knisternden Kaminfeuers; vielleicht eine Veranda, angefüllt mit regennassen Mänteln und schlammigen Gummistiefeln. Sie riechen reife Äpfel und frisch gebackenes Brot und hören das Summen der Bienen im Küchengarten. Meine Idee von »Country« schließt alle Sinne ein, erzeugt Bilder von drinnen und draußen, und darin kommen, vielfach zumindest, Menschen vor.

Dieses Buch möchte diese Vorstellung zelebrieren, all jene Fäden in Worte und Bilder fassen, die ineinander verwoben das Muster des englischen Landlebens ausmachen. Es hält Menschen und Begegnungen einer einjährigen Entdeckungsreise fest. Es war ein ausgedehnter Streifzug, der mich permanent überraschte und entzückte und meine lebenslange Liebesbeziehung mit dem Landleben vertiefte. Die Tatsache, dass ich als Designer mein Leben lang mit Mustern, Formen und Farben gearbeitet habe, macht mich noch lange nicht zum Experten für Angelegenheiten des Landlebens. Aber bei seiner Bewertung und Wertschätzung hilft mir mein Beruf durchaus.

Dies ist ein sehr persönliches Buch, denn es feiert die Gegenden, in denen ich aufgewachsen bin, jetzt lebe und die mir in meinem Reisejahr vielfältig begegnet sind. Es ist auch ein Buch über universelle Themen. Unsere Welt hat sich verändert, durch Globalisierung und Urbanisierung. Zum ersten Mal in der Weltgeschichte leben mehr Menschen in Städten als auf dem Land. Über den ganzen Globus hinweg vergessen die Menschen ihre ländlichen Wurzeln, aber ich glaube, dass die Werte des Landlebens und ihrer Menschen nicht eindrücklicher dargestellt werden können als heutzutage.

Ich habe in diesem Buch ebenfalls versucht, die spezielle Atmosphäre und den Duft festzuhalten, welche die englische Landschaft durchziehen. Dies ist kein Rückgriff auf die Vergangenheit, vielmehr eine Darstellung des heutigen Lebens in den verschiedensten Facetten. Ich befürchte, dass all diese Schätze sehr schnell verloren gehen können. In vielen Ländern verbinden graue, urbane Landschaften eine Stadt mit der anderen. Hoffentlich wird es in England nie soweit kommen.

Der Mensch sollte nie zu weit entfernt von der Natur leben. Wer nicht aus der Stadt herauskommt und sich von den Jahreszeiten entfremdet, von natürlichen Prozessen abgeschnitten und von der Erde entwurzelt lebt, wird depressiv und verwirrt. In Städten ist die Gangart schneller, das Leben lauter, sind die Partys glamouröser, aber ich kann Ihnen versichern, dass ich mich nur auf dem Lande wirklich wohl und zu Hause fühle.

Dabei habe ich nichts gegen Veränderung und Modernität. Das Land braucht Innovationen und Investitionen, aber es braucht auch unser Verständnis dafür, was vorhanden ist. Während meiner Reise durchs ländliche England sammelte ich viele schöne Eindrücke. Ich beobachtete dabei eine feine Balance aus menschengemachter und natürlicher Schönheit, aus Altem und Neuem, Wildem und Gezähmtem. Das sollten wir aber nicht als selbstverständlich erachten.

Die bäuerliche Landschaft gehört zu uns allen – oder sollte ich sagen, sie gehört niemandem von uns? Sie ist unserer Pflege anvertraut, sie muss bearbeitet, bewässert und gedüngt werden, um sie in guter Verfassung den nächsten Generationen zu übergeben. Mit meinen hier niedergeschriebenen und bebilderten Erfahrungen will ich klarmachen: Diese geerbte Landschaft ist unbezahlbar. Wir müssen sie in Ehren halten.

AUF DEM LAND NEHMEN WIR STIMMUNGEN sehr aufmerksam wahr. Nicht zufällig denke ich am Beginn meiner Sammlung ländlicher Impressionen an zwei sich ergänzende Momente. Einer war ein eisiger Nachmittag in Derbyshire, ich stand unter einem jahrhundertealten Baum, dessen Stamm von Alter und Schnee aus der Balance geraten war. Ein Sturm kam von den Pennines-Hügeln herunter. Hier erschien die gezähmte englische Landschaft als wilder, gefährlicher Ort, und wir kehrten gerne wieder in das Dorf zurück, aus dem wir gekommen waren. Der andere Moment war ein ebenso eisiger Nachmittag in der Grafschaft Suffolk, den ich in der Wärme des Kaminfeuers im

King's Head in Laxfield verbrachte, einer meiner Lieblingskneipen. Traditioneller als hier kann es nicht zugehen. Niedrige Decken, Bänke mit hohen Rückenlehnen, eine offene Feuerstelle, gutes Bier und viele Einheimische, die auf ein Plauderstündchen oder eine Partie Domino hereinschauen. Noch nicht einmal eine Bar gibt es, das Bier zapft man selbst an den Fässern. Beide Szenen fangen typisch den Winter auf dem Land ein. Mal ist man den Elementen ausgesetzt, mal hat man ihnen entkommen können. Eine Situation lebt durch die andere. So erhält eine verschneite Landschaft ihre romantische Ausstrahlung erst mit der Aussicht auf eine warme Feuerstelle und freundliche Menschen in der Nähe.

DIE IDEALISIERUNG DES LANDLEBENS fällt leicht, wenn man wie ich schöne Kindheitserinnerungen daran hat. Es ist nichts Falsches an diesen Erinnerungen, manchmal stimmen nur die Idealisierungen nicht. Für mich gibt es einen »Traum vom Land«, eine Vision, die viele Menschen aus den Städten lockt, um auf dem Land neu anzufangen.

Bis zu einem gewissen Grad leben wir in einer Idylle vergangener Tage. Dabei müssen wir keine wirklichen physischen Härten des Landlebens erdulden, vielmehr möchten wir die einfachen und natürlichen Vergnügungen genießen. Dazu zählt die Freude an atemberaubenden Blicken in eine ungestörte Landschaft, an freundliche Gemeinschaften. Familien und Nachbarn gehören dazu, die Zeit füreinander haben. Die Sinne der Kinder werden geschärft durch die Welt um sie herum und nicht durch die Welten der PlayStations. Bin ich sentimental? Vielleicht. Aber meine Begegnungen mit dem Landleben haben mir Orte gezeigt, an denen der Traum Realität geblieben ist.

Im Westen Englands, in East Anglia, Cumbria oder Yorkshire entdeckte ich Elemente dieses Traums. In Dörfern hocken Alt und Jung beim traditionellen Zeitvertreib zusammen; Kinder und Hunde flegeln sich in gefliesten Küchen herum oder krabbeln auf alte Lehnstühle vor dem Kaminfeuer. Männer und Frauen pflegen einen einfachen, aber zufriedenen Lebensstil und halten alte Handwerkskünste wach. Familien beugen sich über ihr Frühstück mit frisch gelegten Eiern und selbst gebackenem Brot, in der Nähe hergestellter Butter, mit Äpfeln aus dem Obstgarten und Marmelade vom vergangenen Sommer. Sie genießen das Essen und die Gesellschaft der anderen.

Sind dies ländliche Dinge? Ich denke schon. Ich besuchte viele Häuser auf dem Land, luxuriöse und bescheidene, mehr oder weniger alte. Die meisten teilten eine Qualität: man wusste beim Betreten, dass man auf dem Land war. Geheime Zeichen verrieten das, wie das Grün und die Helligkeit hinter den Fenstern oder auch die abgenutzten, schmutzigen Fußböden. Das unterschied diese Häuser klar vom nachgemachten, urbanen Design. In Städten suchen wir nach Perfektion. Wir gestalten, verbessern und kaufen uns einen Weg ins ästhetische Ideal unserer Träume. Auf dem Land machen die Leute eher das Beste aus dem, was vorhanden ist; dort finden wir vielfach eine eklektische Mischung von Stilen und Objekten aus verschiedenen Epochen und Gegenden.

GENTLE ART OF COOKERY

In den Möbeln finden wir eine fein verwobene Qualität verschiedener Stile. Linien haben sich vom rechten Winkel gelöst, wie in der freien Landschaft, die sich von der Stadtlandschaft unterscheidet.

Es mutet unmodern an, wenn man eine idealisierte Vergangenheit einer zwangsläufig nicht perfekten Gegenwart vorzieht. Aber die hier gezeigten Häuser habe ich alle im heutigen Landleben gefunden. Menschen leben nicht deshalb dort, weil die Gebäude alt sind, sondern weil darin auch Bedürfnisse des modernen Lebens erfüllt werden – immer ist die Einstellung wichtig, in der wir uns daran erfreuen.

ROYAL

Ich entschuldige mich nicht, wenn ich auf die Erinnerungen an meine Kindheit verweise. Einen der ersten Zwischenstopps auf meiner Reise legte ich an einem Haus in Dorset ein, wo ich einen großen Teil meiner Kindheit verbrachte. Es war damals ein fröhliches Haus und ist es heute noch. Am Beginn eines verschwiegenen Tals gelegen atmete ich dort immer eine friedliche Luft ein, für mich hatte es immer die Qualität eines Zufluchtsorts und eines Platzes, an dem gute Dinge geschehen. Ich erinnere sonntägliche Mittagessen, lange Spaziergänge und Familienspiele vor dem Feuer. So entfachte mein letzter Besuch viele schöne Gedanken. Im Haus war die Vergangenheit überall zu spüren, gebannt in alten Stühlen, Gemälden, sonderbaren Badewannen. Verlassene Nebengebäude, Gärten und Wäldchen riefen danach, entdeckt zu werden, an einem Bach überraschte ein Fleck früher Schneeglöckchen.

Vielleicht halfen mir meine Erinnerungen, Haus und Garten so zu erleben, aber mir wurde klar, dass es generell die richtige Art war, sich solchen Orten zu nähern. Mit genau dieser Neugierde und diesem Interesse wollte ich das Land durchstreifen – das Land ist dazu da, entdeckt zu werden.

ICH KÖNNTE NICHT IN EINER WELT OHNE JAHRESZEITEN LEBEN. Das wäre so, als würde alle Kleidung die gleiche Farbe haben. Auf dem Land nimmt man die Jahreszeiten täglich neu wahr. Der Frühsommer mit seinen frischen Grüntönen ist meine Lieblingszeit, aber auch die Kahlheit des Winters hat ihre Schönheit – in den spärlichen Mustern laubloser Bäume, in der kalten Erde des Küchengartens.

Der Küchengarten in Coombe Bissett gehörte einst meinen Freunden Edward und Jane Hurst. Als ich ihn wiedersah, war er kahl und leer. Man spürte den tiefen Winterschlaf, aus dem er demnächst erwachen sollte. Farbe war ausgeblichen und blätterte ab, der Frost hatte Töpfe zerbrochen und die Erde war schwarz und leblos. Aber man konnte sich bereits das üppige Leben während des Sommerhalbjahrs vorstellen.

Ich liebe Küchengärten. Die Arbeit darin verbindet mit den Rhythmen der Natur, mit der Harmonie von Graben, Pflanzen, Heranziehen, Ernten und Essen. Nur wenige Gerüche sind so eindringlich wie die frisch ausgegrabener Möhren oder Kartoffeln, und mit dem Geschmack von Gemüse auf dem Teller, was noch vor einer Stunde in der Erde gewachsen ist, kann nur wenig konkurrieren.

Eine besondere Qualität begeisterte mich an Edwards und Janes Garten. Obwohl er auf den ersten Blick leblos und verlassen scheint, zeugt er doch immer von menschlicher Kreativität. Je genauer man hinsieht, desto mehr findet man Zeichen von sorgfältiger Pflege, von Planung und Gestaltung.

Er zeigt die Arbeit mehrerer Generationen, die pflanzten, Unkraut zogen und umgegraben haben. All die Geschichten entfalten sich mit dem Abblättern der Farbe und dem Splittern von Glasscheiben, viele Zeitebenen treten zutage. So macht die tiefe Verankerung von Vergangenheit das Landleben zu einem Vergnügen. Wo immer man hinsieht, auf ein Haus oder einen Garten, ein Dorf, eine Kirche oder nur eine bestimmte Sitte, alles spiegelt die Erinnerung an viele Generationen. Aber die Fotografien in diesem Buch führen uns auch die Modernität des Landlebens vor Augen. Sie geben Einblick in ein Leben, das heute gelebt wird. Sie geben uns zu verstehen, dass die Gegenwart nur ein flüchtiger Moment ist in einem Jahrhunderte andauernden Prozess des Wachsens.

DAS INTERESSE AN TRADITIONELLER NAHrungsherstellung erwacht wieder. Eine Bäckerei in Crichel nahe Wimborne in Dorset ist berühmt für ihr Brot und Gebäck und verdankt dies ihrem Bäckermeister James Campbell, der sein Handwerk im französischen Tours erlernte. »Die Kunst des Backens ging in Großbritannien schon vor Generationen verloren«, sagt er. Seine Zutaten stammen vorwiegend aus der Region, sein Geheimnis ist die Zeit. »Wir geben dem Brot mehr Zeit zur Fermentierung.« Die Bäckerei in dem umgebauten Stall aus dem 18. Jahrhundert ist ein einziger Genuss aus Sauerteigbroten, mit Oliven und Rosmarin in den Laibern, Mandelcroissants und Blätterteigtaschen mit Schokolade. Man beobachtet James oder seinen oben abgebildeten Bäcker Scott, wie sie geduldig kneten und Teigkugeln formen, sich Zeit nehmen, um den Teig und die Ofentemperatur zu prüfen.

Elegant platzieren sie mit ihrem langstieligen Brotschieber jeden Laib auf den Ofenboden. Das ist Kunst und Wissenschaft zugleich. Wie der Heizer einer Dampflokomotive schaufelt Scott die Brote hin und her und in jedem Stadium entscheidet er über Zeiten und Temperaturen. James nennt Backen einen »magischen Prozess der Umwandlung durch Feuer«. Er ist Perfektionist und besessen von dem Ziel, die »Reinheit des Produkts zu bewahren«. Sein Geschäft floriert, weil die Menschen seine Brote der »Frankenstein-Nahrung« (wie James sie nennt) der billigen Supermärkte vorziehen.

Bisweilen liegt der Reiz traditioneller Techniken allein in der Nostalgie und nicht in der Nahrung selbst.

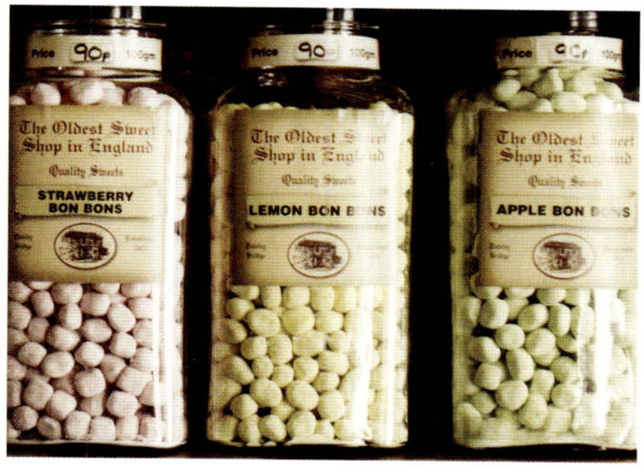

Das zeigt ein kleiner Süßigkeitenladen in Pateley Bridge in North Yorkshire. Er ist wie jener in Hampshire, zu dem mich meine Großmutter mitnahm, als ich ein kleiner Junge war. Immer schwankte ich zwischen Gobstoppern, Pear-Drops und Weingummis. In Yorkshire fiel die Wahl nicht leichter.

Es gäbe einiges zu sagen über traditionell hergestellte Nahrung in diesem Land, über die langsamen Zyklen der bäuerlichen Produktion bis zur aufwändigen Umwandlung von frischen Zutaten durch jahrhundertealte Techniken. Manch einem wird all dies wenig effizient erscheinen, aber Langsamkeit gewinnt an Bedeutung, wie etwa die »Slow Food«-Bewegung beweist. Manches gelingt eben nur ohne Eile.

ICH WEISS NICHT, WAS EIN UNTERNEHMENSBERATER zu Barbara Lakes Arbeitspraktiken sagen würde. Sie lebt allein auf ihrer Farm in Coades Green bei Launceston in Cornwall, wo sie geboren wurde. Barbara besitzt kaum vier Hektar Land und acht Kühe. Seit ihre Mutter vor acht Jahren starb, betreibt sie den Hof allein, von einer Aushilfe zur Erntezeit abgesehen. Früh und spät geht sie zum Melken, nicht selten gräbt sie bei Dunkelheit den Garten um. Das klingt nach harter Arbeit, aber Barbara lächelt zufrieden, wenn sie zum Beispiel erzählt,

wie sie aus Milch »Budder« macht, und *clotted cream* nach altem Verfahren herstellt. Für die *clotted cream* kocht sie Milch in einer dünnen Pfanne über heißem Wasser zwei Stunden lang ab, während geduldiges Rühren und Klopfen nötig ist, um ihre cremige, ungesalzene Butter zu bekommen. Die Ergebnisse unterscheiden sich genussvoll von den faden Imitationen in den Supermärkten. Über Generationen hinweg haben sich diese Methoden erhalten. Aus gutem Grund – sie funktionieren.

ICH BIN KEIN BESONDERER REITER, ABER MIR SIND MENschen sympathisch, deren Leben sich um Pferde dreht. Es ist unmöglich, mit Pferden zu leben und zu arbeiten, ohne mit dem Land in Berührung zu kommen. Mal ist die Arbeit schweißtreibend, mal ist es nass und kalt. Immerzu muss ausgemistet werden, im dunklen Winter und heißen Hochsommer. Die enge Beziehung zur Natur weckt ein Gefühl von Harmonie unter allen, die sich voller Begeisterung Pferde halten.

Das ist besonders bei der Jagd zu spüren. Ich beobachtete zwei Jagden, die Wilton und die Blackmore & Sparkford Vale, und ich sah dabei keinen getöteten Fuchs (was auch nicht mehr vorkommen darf). Stattdessen fand ich viele Menschen unterschiedlichen Alters und sozialer Herkunft, die vor allem ihr Interesse an Pferden, Hunden und der Natur teilten. Gesellschaftliche Klasse, Alter und Besitzverhältnisse spielten keine Rolle. Die jungen Doggrell-Brüder (Seite 43), Söhne des Blackmore & Sparkford-Jägers Mark Doggrell, sind Teil einer

Tradition, die das gesellschaftliche Muster seit Jahrhunderten prägt. Was man hier sieht, hört und riecht, hat sich seit den Tagen ihrer Ur-Urgroßeltern kaum verändert.

Edward Hurst (auf Seite 40 während einer Jagdpause plaudernd mit Les Kale, einem lokalen Rinderzüchter) drückt es so aus: »Es gibt keinen besseren Weg, das Land kennenzulernen, in dem du lebst, und die Menschen, die dort

leben.« Die Landbewohner können selbst so am besten erspüren, womit sie verwurzelt sind.

Es ist durchaus natürlich, die Rituale unserer Vorfahren beizubehalten. Traditionsbewusstsein wird häufig als Grund dafür angeführt. Doch dem widerspreche ich. Ich glaube an Fortschritt, respektiere aber die Tradition, in die Fußstapfen früherer Generationen zu treten. Sammlungen angeschmutzter Rosetten und Hufeisen geben Scheunen erst ihren Charme. Wer weiß, welche kindlichen Dramen, welche Geister von Pony-Vereinen sich hinter diesen unschuldigen Dekorationen verbergen?

DAS LEBEN AUF DEM LAND STEHT NIE STILL, UND DIE Jahreszeiten überraschen uns stets. Als ich durch Gloucestershire nahe Kempley wanderte, platzte eine Narzissen-Fanfare in meinen Tag, nickend und tanzend in der Brise, den warmen Wind mit ihrem Duft versüßend. Bis zu diesem Moment hatte ich kaum begriffen, dass schon Frühling war. Solche Überraschungen gehören zu den Jahreszeiten, wie die Tradition ein Teil des Lebens künftiger Generationen ist.

In Patterdale, Cumbria, führen ein paar wenige harte Seelen eine mühevolle Existenz wie in alten Zeiten. Sie halten Schafe auf kargen Hängen, die im Schatten des Bergs Helvellyn liegen. Mary Bell lebt seit mehr als drei Jahrzehnten auf der Crookabeck Farm, die ihre Eltern vorher bewirtschafteten. Dies ist ein hartes Dasein. 2008 verdiente ein Bergbauer im Durchschnitt weniger als 10 000 Pfund, aber Mary wollte nie etwas anderes tun. Sie züchtet Herdwicks, eine zähe Rasse mit einem derben, wasserabweisenden Fell, die selten anzutreffen ist im Lake District. Es heißt, die Vorfahren dieser Rasse schwammen nach Cumbria – von einem untergegangenen Schiff der spanischen Armada. Mary verkauft Tischdecken aus der Wolle und Schafe als Schlachtvieh. Ein scheinbarer Widerspruch tut sich auf bei der Beobachtung des zarten Moments, wenn Mary ein neu geborenes Lamm füttert. Aber genau diese Facetten geben dem Leben hier seine Einmaligkeit.

Mary war doch etwas beunruhigt, als ihr Sohn und ihre südafrikanische Schwiegertochter (Seite 52 in Marys Küche) nach Patterdale zurückkehrten. Sie leben in einer umgebauten Scheune der Farm, unterstützen die alte Frau und schaffen vor allem die Perspektive, dass die Arbeit von der nächsten Generation fortgesetzt wird. Ist es merkwürdig, dass sich ein kluges, junges, kosmopolitisch geprägtes Paar für eine solche Existenz entschieden hat? Vielleicht, aber es gibt ähnliche Geschichten, die das heutige Landleben prägen.

ES IST NICHT LANGE HER, DASS VIELE Menschen noch auf den Feldern arbeiteten und in den Dörfern alt wurden, in denen sie geboren wurden. Ihre Wurzeln reichten tief in die Erde, ihre Erinnerungen waren mit der Landschaft verwoben. Heute sind solche Menschen eine Rarität. Aber noch findet man sie, und wenn, ist es schwer, sie nicht zu beneiden. Nehmen wir Thomas Faulkner (gegenüber, mit der Kappe). Der pensionierte Maurer wohnt seit 81 Jahren im ländlichen Oxfordshire. Seine Familie lebt seit undenklichen Zeiten in der Gegend, sein Großvater und Urgroßvater waren beide hier Schafhirten. Die meiste Zeit verbringt er heute in seinem Schrebergarten (es sind drei Gärten) am Rand des Dorfs Ducklington. »Ich züchte alles«, sagt er.

»Ich bin die meiste Zeit hier draußen. Alle meine sechs Kinder wollen mein Gemüse.« Auch sein Schwager John Seymour (oben links mit der Grabegabel) hat einen Schrebergarten. »Hier gibt es keinen Druck. Man bewegt sich ein wenig und vor allem kann man hier in gewisser Weise sein Gehirn ausschalten.« Und Thomas fügt hinzu: »Es ist keine harte Arbeit, es ist Freizeit, und das größte Vergnügen kommt mit dem Ende, der Ernte.«

Sind sie nicht zu beneiden? Wie friedlich und gelassen Thomas schaut, sich auf seine Hacke stützt, Jacke, Hut, Hände und Gesicht vom Wetter gefärbt und gezeichnet. Dahinter steckt ein Gemüt, das sich auf die langsamen Rhythmen des Bodens einlässt, wie schon seine Vorfahren.

AUF DALEMAIN IN CUMBRIA LIEGEN VIELE SCHICHTEN VON GEGENWART und Vergangenheit übereinander. Hier ist Geduld gefragt, wenn man sie lesbar entfalten will. Dem Passanten wird vielleicht nur die solide, rosafarbene georgianische Front des Herrenhauses auffallen. Eine nähere Betrachtung enthüllt jedoch mehr. Zwei Flügel sind aus dem 16. Jahrhundert, die Empfangshalle ist aus dem Mittelalter, ein Turm stammt aus dem 12. Jahrhundert und ein Name (etwa »Herrenhaus im Tal«) deutet auf ein Haus hin, das hier bereits im 1. Jahrtausend gestanden hat. Im Gebäude finden wir ein Wirrwarr an Räumen, Treppenhäusern und voll gestopften Mansarden, genug Stoff für diverse, in der Gotik spielende Romane. Der Garten birgt Schätze wie beispielsweise mehr als 200 Rosensorten oder den berühmten Blauen Mohn aus dem Himalaja.

An bestimmten Tagen belebt sich der Ort. Dann finden etwa Schäferhund-Prüfungen statt, Nahrungsmittel- und Kunstmessen, eine Pony- und eine Traktorschau, ein Apfel- und ein Kastanienfest oder eine Oldtimerparade. Am meisten mag ich das recht junge Marmeladen-Festival. Im Februar treffen hier Hunderte enthusiastischer Marmeladenhersteller aus dem ganzen Land auf Tausende, die sie probieren wollen. Jede nur denkbare Variation wird präsentiert, einige von Profis, einige von begeisterten Laien hergestellt. Vertreter des hiesigen Women's Institute bewerten 400 eingereichte Marmeladen in Kategorien von etwa »Dunkel und fest« bis »Marmeladen von Männern und Kindern«. Beurteilt werden Darbietung, Aussehen, Aroma und Geschmack.

Die beste Marmelade gewinnt einen silbernen Löffel, aber für jeden ist die Freude das Wichtigste, etwas Sinnvolles zu tun und an dem uralten Prozess teilzuhaben, Früchte in haltbare Nahrung zu verwandeln. Nicht zuletzt hat man hier die Chance, fremde und exzellente Marmeladen zu probieren. Alle Erträge kommen einem Hospiz in der Nähe zugute.

Die wunderbare chinesische Tapete im Arbeitszimmer soll als Paketpapier von chinesischem Tee nach England gekommen sein. Wenn während des Festivals die noch matte Februarsonne durch die im Haus aufgebauten leuchtenden Marmeladengläser scheint, verwandelt sich die Marmelade vor den dunklen Eichenvertäfelungen in flüssiges Gold. Wer Veranstaltungen wie diese nicht genießen kann, wird das Landleben nicht verstehen. Bei solchen Festen geht es nicht um Geld. Vielmehr steht die Liebe zur eigenen Kreativität im Vordergrund und die reine Freude, gleichgesinnte Menschen zu treffen. »Versammlung« ist das Wort dafür, das einem in den Sinn kommt. Das Land wird lebendig zu Zeiten und an Orten, wenn Menschen sich versammeln. Versammlung könnte eines der wichtigsten Worte sein im ländlichen Wörterbuch.

Irgendwann gehen die Menschen nach Hause und Dalemain kommt wieder zur Ruhe. Es ist nicht leicht, die Nachwirkungen zu beschreiben, aber die vergangenen Aktivitäten haben zur Atmosphäre des Hauses beigetragen und einen Schatz für lange währende Erinnerungen angelegt. Haus und Garten werden dabei, in ihrer eigenen Weise, stets von der Vergangenheit berührt.

Wir befinden zu häufig in unpersönlichen Begriffen über das Landleben. Wir reden über Landschaften, Landmarken und Aussichten, als würden sie ohne das Zutun des Menschen existieren. Vieles von dem, was wir sehen auf dem Land, Gutes und Schlechtes, kommt von den Menschen und ihren individuellen Beziehungen zueinander und von der Kreativität, die weiterlebt, auch wenn Namen längst vergessen sind.

DER ZUSAMMENHANG ZWISCHEN LANDLEBEN UND Glücklichsein ist gut erforscht. In ländlichen Gegenden werden die Menschen älter, verüben weniger Straftaten und leben in engeren Gemeinschaften. Das erscheint nachvollziehbar. Wir haben uns als sich frei bewegende Kreaturen entwickelt und reagieren gestresst, wenn wir zu einem uniformierten Leben gedrängt werden. Das Land birgt hier spezifische Vorteile. Auf dem Land erhalten die Menschen mehr Bewegung, Sonnenlicht und frische Luft, was alles der körperlichen und psychischen Gesundheit zugute kommt. Wenn man die positive Wirkung von Haustieren auf das Wohlbefinden als erwiesen betrachtet, dann gibt es nichts Besseres zur Belebung der Sinne als einen Spaziergang mit dem Hund. Manchmal glaube ich, dass diese Spaziergänge dem Hundehalter mehr bringen als dem Hund selbst. Meine Hunde beispielsweise sind glücklich, wenn sie im Garten umherstreichen oder faul vor meinem Aga-Herd dösen können. Weil ich mich aber für die Bewegung der Tiere verantwortlich fühle, baue ich mit der Landschaft eine Beziehung auf, die ohne die Hunde vielleicht nicht zustande käme.

Einige suchen ständig neue Wege, andere bleiben auf bekannten Pfaden. So oder so ändern Wetter und Jahreszeit die Landschaft täglich. Bald weiß man, wo und wann Wild auftaucht, bestimmte Bäume oder Bäche werden zu alten Freunden. Sie begründen ein Verhältnis mit dem Land. Für manchen geht dieses Verhältnis sehr tief. Ganz gleich, ob es ein kleiner Garten ist oder ein ausgedehntes Waldgebiet, Menschen mit Hunden kennen bestimmte Flecken im Laufe der Zeit besser als beispielsweise die anderen Familienmitglieder. Die Entdeckung des Landes hat viel mit diesem speziellen Verhältnis zu tun. Am Rand von Ducklington, nicht weit von den Schrebergärten entfernt, liegt eine alte Feuchtwiese, gefleckt mit satten Purpur-, Gold- und brillanten Weißtönen einer Unmenge von Schachblumen. Sie ergeben ein geheimnisvolles Bild, denn sie bilden eine in sich geschlossene Gruppe, sind aber gleichzeitig Bestandteil des Wiesenmusters. Wie bei den meisten Flecken Land liegt eine Geschichte dahinter. Die Wiesen in diesem Teil von Oxfordshire waren einst übersät mit Schachblumen, aber die meisten wurden während des Zweiten Weltkriegs untergepflügt.

Diese Wiese blieb verschont, weil die Druce-Familie von der Church Farm keine andere Weide für ihre Kühe hatte. Die Blumen *(Fritillaria meleagris)* überlebten, weil die Druces ihre Kühe nur konzentriert auf einigen Partien der Wiese grasen ließen. Vor 40 Jahren kaufte ein Anwalt aus der Gegend, Roger Peel, diese Wiese und widmete sie dem Schutz der Schachblume. Von manchen wurde er für verrückt erklärt, aber die Zeit gab ihm Recht. Seit 1945 hat Großbritannien 97 Prozent seiner artenreichen Blumenwiesen verloren, und diese ist als Schatz der Region bekannt geworden. Die Söhne des Anwalts haben das Werk fortgesetzt, Wiese und Blumen gedeihen prächtig. Der hiesige Bauer Strainge lässt seine Schafe auf die Wiese, aber die Schachblumen behaupten sich, und Menschen kommen aus ganz Oxfordshire, um sie zu sehen. Der Bauer teilt diesen Schatz gern und bittet auf einfache Art für eine Spende für die Stiftung.

MENSCHEN SEHEN SCHÖNHEIT IN VERschiedensten Dingen, sie geben ihrer Kreativität mannigfach Gestalt und das nicht nur in großem Maßstab. Ein Aspekt des Landlebens, der mir sehr viel bedeutet, sind die Tiere. Sie verändern die Perspektive auf diese Welt und weiten den mitunter engen Blick des Menschen.

In Dorset hält der Landschaftsgärtner Andrew Dodge als Freizeitbeschäftigung Hühner und ein paar Kühe auf einer gepachteten Obstwiese in Halstock. Andrew wollte immer schon Hühner halten, schon als kleiner Junge faszinierten sie ihn.

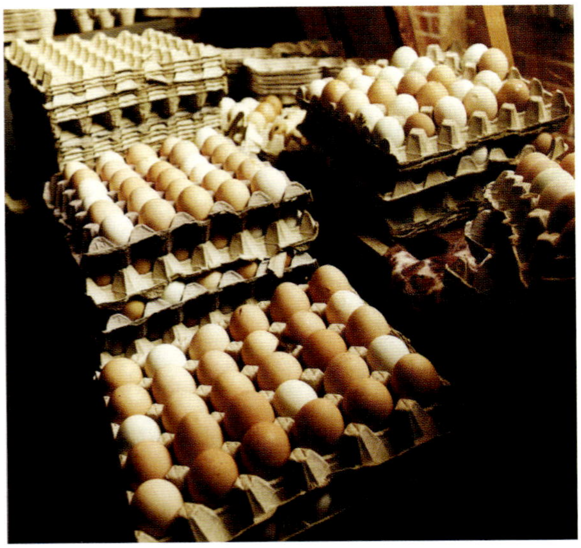

Seine Mutter wusste stets, wo sie ihn suchen musste. So ist es auch heute. Man muss ihn nur zusammen mit seinem Federvieh beobachten und man weiß um deren feste Beziehung.

Ich habe neun Hühner, alles Rhode Island Reds, und jedes hat seinen eigenen Namen und Charakter. Wenn, dann wäre der Hahn Ivan mein Lieblingstier. Der Klang seines Rufs platzt schrill in die Morgendämmerung, er selbst erstrahlt in Stolz und Selbstzufriedenheit, umherstolzierend wie ein Popstar, verfolgt von seinem Harem. Irgendwie erinnert er mich an den Soulsänger James Brown.

Andrew hält seine Hühner vollkommen anders. Er versteht sie mit einem tiefen Einfühlungsvermögen, wie ein Jäger seine Hunde kennt. Wenn er mit ihnen zusammen ist, zeigt er die Entspanntheit und Verlässlichkeit eines Mannes, der sich ganz und gar wohlfühlt in seiner Haut. Ein Teil seines Geheimnisses liegt wohl darin, dass er intensiv seiner ganz persönlichen Passion folgt. Ich musste nie weit durchs Land reisen, um auf solch leidenschaftlichen Enthusiasmus zu treffen, der mich gleichermaßen überraschte und beglückte. Das ländliche England steckt voller Menschen mit einer Liebe für Gärten, Blumen, Hühner, Käse oder Festivals. Anders als große Konzerne kümmern sie sich wirklich, sie geben dem Leben Farbe und unterstreichen den Reichtum der Landschaft. Ob es einem bewusst ist oder nicht, aber diese Menschen sind die Beschützer unseres Erbes.

FÜR VIELE MENSCHEN AUF DEM LAND zählt nur eine Passion: Blumen. Diese Leidenschaft mag nur für eine bestimmte Art gelten oder für einen ganzen Garten, aber die wirklich passionierten Blumenfreude sind in ihrer Zuneigung der des Hühnerzüchters Andrew Dodge durchaus ebenbürtig.

Wohin man auch fährt im Land, man trifft überall Blumenliebhaber, die mit ihrem Enthusiasmus ein erstaunliches Wissen gesammelt haben. James Sellick aus Ticehurst in East Sussex etwa hat eine Vorliebe für Tulpen. Man muss sein Tulpenfestival auf Pashley Manor erlebt haben. Vor 15 Jahren begann James dieses Festival aus einer Laune heraus, nur um der Einfuhr der ersten Tulpen aus Persien vor 400 Jahren zu gedenken. Damals hatte er nur ein paar geschnittene Tulpen, setzte aber wenig später 3000 Zwiebeln in die Gärten von Pashley Manor. Seitdem wurde das Festival größer und größer. Heute lockt es Tausende Besucher an und wird verglichen mit der Chelsea Flower Show. Als ich dort war, wuchsen 20 000 Tulpen aus 90 Arten im Garten und etwa 200 Tulpen wurden für die Hausdekoration geschnitten.

Das Festival, das als Liebhaberei begann, hat neues Leben in das Haus gebracht. Zur meisten Zeit des Jahres sind die Gärten mit ihren Fontänen, Wasserbecken und romantischen Pflanzungen für die Öffentlichkeit geöffnet. Andere Aktionen, wie etwa die Rosen- und Lilien-Wochenenden oder Mal- und Fotografierkurse sorgen dafür, dass der Ort nie verlassen wirkt. Dies ist eines der vielen Beispiele, wie Eigentümer ihre großen Landsitze durch innovative Ideen nutzbringend beleben und damit auch beweisen, dass Blumen als Besuchermagnet kaum zu schlagen sind.

Kurz vor Tagesanbruch des 1. Mai erklimmen Hunderte Menschen Bluebell Hill in Kent von der Stadt Rochester aus. Sie wollen eine riesige, an einem Weidenrahmen befestigte Blumengirlande sehen, die zur Begrüßung der Sonne aufgehängt und danach wieder abgenommen und in das Städtchen gebracht wird. Die Girlande nennt man Jack-in-the-Green, und sie ist eine von diversen, die im ganzen Land als Schmuckstück einer Erweckungszeremonie am Morgen des 1. Mai dienen.

Gruppen von exotisch gekleideten, so genannten Morris-Tänzern begleiten die Girlande hinunter nach Rochester, wo sich ein neo-heidnisches Ritual mit althergebrachten feierlichen Vorführungen der Fruchtbarkeitssymbolik und jüngeren Traditionen wie dem Auftreten des Schornsteinfegers vermengen. Im 18. und 19. Jahrhundert traten an diesem Maitag Rochesters Schornsteinfeger (und es gab wegen des Hafens in

Chatham viele davon) zusammen mit Kindern in Aktion, die zur Arbeit in schwer zugängliche Schornsteinschächte geschickt wurden.

Dann geriet das Festival aufgrund von Trinkern und Schlägern in Verruf – Dickens schrieb darüber in seinen »Sketches by Boz« – und nach dem Climbing Boys Act von 1875 (Verbot der Kinderarbeit) schloss es schließlich.

Doch die Erinnerung hielt sich am Leben, und 1980 belebte Gordon Newton, ein Geschäftsmann mit Interesse am Morris-Tanz und verwandten Mythen, das Festival wieder. »Es war eine dieser Sachen, die es wert waren. Ich habe mir aber nie vorstellen können, dass es wieder eine solche Attraktion werden würde.« Es soll Englands größtes traditionelles Maifestival sein mit zirka 100 spektakulär gekleideten Morris-Tanzgruppen, die von weither kommen, um an diesem spektakulären Tanz-Höhepunkt des Festivals teilzunehmen. Alles macht einen amateurhaften Eindruck, aber gerade das ist Teil des hier herrschenden Vergnügens. Hier kann man regelrecht eintauchen in eine Geschichte allzu menschlichen Treibens im ländlichen England.

Dickens assoziierte das Rochester Schornsteinfeger-Festival mit einer bestimmten Art ländlicher Nostalgie, in der ein »heller Frühlingsmorgen« Erinnerungen heraufbeschwört an eine Welt »mit einem Himmel, der blauer war, und einer Sonne, die leuchtender schien, in der die Luft frischer über das grüne Gras wehte und die Blumen süßer dufteten«. Diese alte Tradition spielt immer noch eine große Rolle im heutigen Leben.

EINES DER VERGNÜGEN BEIM REISEN DURCH das Land sind die Geschichten, die es zu entdecken gibt. Man könnte häufig meinen, ein menschenleeres Bild vor sich zu haben, aber da ist immer jemand im Hintergrund, tot oder lebendig, der für dieses Bild verantwortlich ist. Vielleicht ziehen uns deshalb Herrenhäuser so an. Gegenwärtig hat der National Trust 3,5 Millionen Mitglieder im Vereinigten Königreich. Unter den Besuchern sind wahrscheinlich die wenigsten Architekturliebhaber, die Mehrzahl will eher von der Geschichte lernen und das kulturelle Erbe entdecken. Nicht weit von meinem Zuhause in Dorset steht Mapperton in einem von Hügeln umgebenen, romantischen Tal. Das honigfarbene Herrenhaus ist umschlungen von Blauregen und ruht zwischen alten Bäumen. Taubenschlag, Haupthaus und Kirche sind aus dem gleichen, hier anstehenden Gestein gebaut (aus dem berühmten Ham-Hill-Steinbruch) und sie scheinen regelrecht aus der Landschaft emporgewachsen zu sein. Ohne sie ist das Tal kaum vorstellbar. Die Gärten sind berühmt wegen ihrer Mischung aus italienischer Anmutung und wilder Romantik, und man kann nicht spazieren, ohne an einer Grotte oder einem Springbrunnen den Hauch der Vergangenheit zu spüren.

Vor einem halben Jahrhundert nannte Evelyn Waugh die Landhäuser Englands »unsere bedeutendsten künstlerischen Leistungen«. Dies hört sich elitär an. Wer konnte sich in Waughs Tagen schon vom Innenleben eines Herrenhauses überzeugen? Seit einigen Jahren erleben wir eine deutliche Demokratisierung unserer Herrenhäuser. Früher lebten die ansässigen Menschen von der Gönnerschaft und den Aufträgen der Aristokraten, heute aber sind die Eigentümer auf die hier ansässigen Menschen angewiesen. Der Earl und die Countess of Sandwich geben gern zu, dass sie ihr Anwesen Mapperton nicht erhalten könnten »ohne den guten Willen, die Zuneigung und die Güte der Menschen, die hier leben und arbeiten«. Das Haus sei, wie Lady Sandwich es ausdrückt, »eine Mischung von Freude und Problemen. Irgendwas am Haus liegt immer im Argen. Es gab nie eine Zeit, in der nichts auf der Reparaturliste stand.« Das erfordert ein erfinderisches Management, indem einige Gebäude zur Wohnnutzung frei gegeben und Besucher für einige Wochen im Jahr gegen Entgeld in Haus und Garten gelassen werden. Die Hausherren selbst führen die jährlich rund 11 000 Besucher herum, greifen aber auch auf Freiwillige und Angestellte der hiesigen Verwaltung zurück.

»Wir sind nie reich geworden, konnten nur stets unseren Kopf gerade über Wasser halten«, sagt Lady Sandwich in dem Bewusstsein, dass der ständige Kampf gegen den Verfall Teil von Mappertons Magie ist. Familienmitglieder haben traditionellerweise dann »Eimer-Dienst«, wenn es gilt, eilig Eimer dorthin zu stellen, wo es bei starkem Regen ins Haus tropft.

Alle Herrenhäuser brauchen ein Mindestmaß an Verantwortungsbewusstsein seitens der Eigentümer, um sie innen wie außen zu erhalten. Die Fotografien der Räume dieses Hauses in Chiswick, das in der gleichen Periode wie Mapperton erbaut wurde, zeigen eine Ausstattung, die mit zu den am besten erhaltenen in England gehört. Was ich am meisten schätze an diesem Gebäude und anderen Häusern wie

etwa Mapperton, ist, dass sie ein belebtes Zuhause sind. Lady Sandwich sagt über ihr Mapperton, dass »die Besucher die lebendige Atmosphäre lieben, diese leichte, aber gemütliche Unordnung, mit abgenutzten Polstern und Kinderspielzeug unter dem Tisch«.

»Wir haben nichts Innovatives gemacht«, sagt sie, »sondern das Haus bewusst auch als Zeitzeugnis mit all der Vergangenheit weitergeführt. Ich denke, es profitiert davon, nie wirklich innenarchitektonisch durchgestaltet worden zu sein.«

Für mich repräsentiert das mit dem Alter immer schöner werdende Mapperton den klassischen englischen Landsitz am besten. Es wurde nur für wenige gebaut, wird aber jetzt von vielen genossen und verfügt über die essenzielle Qualität des Bewohnten. Wie ein knorriger alter Eichenbaum verdient es mit dem Alter mehr Zuneigung, wächst und gedeiht dabei von Jahr zu Jahr weiter.

COOK BOOK

Es gibt viele vergleichbare Herrenhäuser in unserem Land, und es wäre ein Fehler zu glauben, dass sie nur für deren Eigentümer von Interesse wären. Häuser wie Dalemain, Mapperton oder, wie hier zu sehen, Chiswick überleben nur, weil die Besitzer sie ins öffentliche Interesse rücken konnten. Schon in ihrer Blütezeit waren sie der Nabel der dörflichen Gemeinschaft, Dreh- und Angelpunkt eines Netzwerks an Beziehungen, zu denen nur wenige Adelige zählten. Diese Häuser können auch heute noch zu uns sprechen und uns Geschichten über das Leben erzählen.

IN DORSET SUCHTE ICH WIEDER EINMAL EIN Haus im Marshwood-Tal auf, das idyllisch am Rand eines Weilers liegt und von Wäldern und Tälern umgeben ist. Spektakulär zeigt sich die Gegend im späten Frühjahr, wenn in den Wäldern die Sternhyazinthen blühen. Was ich besonders mag, zu jeder Jahreszeit, ist der Blick in ein besonderes Nebengebäude: eine umgebaute Käserei, in der ein Töpfer, Tim Hurn, seinem Handwerk nachgeht. Ein besonderer Geruch von Ton, Feuer und geschichteten Holzscheiten neben dem großen Brennofen aus Ziegelsteinen erfüllt den Raum. Dieser Ofen der »Anagama«-Machart besteht aus einer Kammer und wurde von Tim selbst gebaut. Vier- bis fünfmal im Jahr befeuert er ihn und braucht allein zwei bis drei Tage, um die Töpfe in die Brennkammer zu stellen, und weitere zwei Tage, um das Feuer in Gang zu halten. Mit steigender Temperatur kommt immer mehr Holz in den Ofen, bis etwa 1300 Grad herrschen. Vier Tage dauert es, bis der Ofen abgekühlt ist. »Ein paar Leute aus dem Dorf helfen mir«, sagt Tim. »Es ist eine anstrengende Arbeit.«

Seit 20 Jahren arbeitet Tim hier und wohnt in einem Haus in der Nähe. Wenn er nicht töpfert, arbeitet er für einen Landbesitzer und schaut nach den Schafen, legt Benjeshecken an oder stellt Cidre her. Seine Arbeit hat viel mit der Landschaft zu tun. »Ich verwende Ton und Brennholz aus der Gegend hier. Und ich setze eine jahrhundertealte Tradition fort. Darin liegt ohne Zweifel Romantik.«

DAS WACHHALTEN LÄNDLICHER TRADITIONEN HAT etwas Romantisches. In jedem Mai kommen Zehntausende Reisende und vor allem Zigeuner aus ganz Großbritannien und Irland in Stow-on-the-Wold zum ersten von drei großen Pferdemärkten zusammen. Diese Versammlung ist jahrhundertealt, der früheste Eintrag datiert aus dem Jahr 1476. Die beiden anderen finden im Juni in Appleby und im Oktober wieder in Stow statt. Ich bezweifle, dass jeder in Stow die Ankömmlinge sehnsüchtig erwartet. Die Schlagläden der geschlossenen Geschäfte verströmen schon eine unbehagliche Stimmung, ebenso wie die Massen, die sich geräuschvoll wie Fußballfans auf dem Weg zu den Stadien in die Straßen ergießen. Wer sich in die grasbewachsene Senke, den Ort des Pferdemarkts südöstlich der Stadt wagt, erwartet ein unvergessliches Spektakel, ein überschäumendes Treiben.

Die Atmosphäre finde ich sympathisch anarchisch. Laute Musik, noch lautere Stimmen, umhereilende alte und junge Menschen, man verkauft schamlos Ramsch (»Chanel«-Teller, »Dior«-Handtücher, »Crown Derby«-Porzellan – sogar einen »Crown Derby«-Nerz-Umhang). Hundewelpen werden ebenso angeboten wie junge Ratten, Spielzeug oder Modeschmuck, Eiscreme und Dosengetränke. Die Geräuschkulisse, das wilde Durcheinander vermengt sich mit dem eindringlichen Geruch von Hot-Dogs, Zigaretten, billigem Parfüm und Pferden. Jung und Alt stapfen Seite an Seite durch den Matsch, für diese Zeit jeglichen Altersunterschied vergessend. Männer und Frauen tragen matschfarbene Mäntel und Hüte, dreiste Jungs verbeulte Jeans und drollige Mädchen unmöglich kurze Röcke. Jeder scheint jeden zu kennen oder, in vielen Fällen,

mit dem anderen verwandt zu sein. Dann und wann, hinter dem wilden Treiben, entdeckt man Spuren einer älteren, einfacheren Kultur. Da kaufen und verkaufen Männer alte, vom Feuer geschwärzte Töpfe und Pfannen, die sie mit den Händen wiegen und mit Kennerhand prüfen.

Eine Frau schneidet in der Luft Brot in Scheiben und steckt die Häppchen gleich in den Mund ihres Babys. Man kann Blicke in exotische Wagen tun, während Pferde geduldig zwischen den Ställen oder Geländewagen grasen und ihre Besitzer und Käufer über deren Vorzüge und Mängel diskutieren.

Jeder macht einen völlig entspannten Eindruck. Als beispielsweise ein junger Mann in halsbrecherischer Geschwindigkeit in einem Sulky sitzend auf eine Gruppe junger Mütter zusteuert, heben diese kaum den Kopf und schieben ganz gemächlich ihre Kinderwagen aus dem Weg. In der Nähe versuchen zwei Männer ein geschecktes Pferd mit einer seltsamen Ponyfrisur in eine Box zu bugsieren, die nicht viel größer ist als das Pferd selbst. Sobald es die Hälfte der Rampe erreicht hat, stockt es, wirft einen Huf in die Luft und tippelt zurück. Zehn Minuten oder länger wiederholt sich das Schauspiel. Der Mann vorne am Strick zeichnet sich durch eine enorme Geduld aus, legt immer wieder den sanftesten Arm der Welt auf die Schulter des Pferds. Seine Zärtlichkeit, aber auch sein Mut sind bewundernswert. Wäre das Pferd in Panik geraten, hätte es den Mann niederstrecken und schwer verletzen können.

Zu den beeindruckendsten Aspekten des Pferdemarktes zählt die Tatsache, dass Besucher wie ich unsichtbar scheinen. Wenn man auf die Menschen zugeht, sind sie freundlich, aber normalerweise schauen sie durch die Besucher hindurch, vollkommen anders als bei ihresgleichen. Es ist wahrscheinlich so, wie wir diese Leute an anderen Orten und zu anderen Zeiten auch sehen. Dann sind sie die Außenseiter, ohne jeglichen Bezug zu dem Leben, das wir führen.

MANCHMAL IST DAS ENGLISCHE HINTERLAND voller Magie, und die Reise ist wie die Ankunft in einem Traum. Etwa, wenn der Frost die Landschaft im Griff hat und sein silbernes Netz darüberlegt, aus Bäumen und Hecken wundervolle Eisskulpturen macht. Hasen beim Spiel bemerken deine Blicke nicht, die matten Sonnenstrahlen verfangen sich in einem schwerelosen Nebelvorhang. Meist ist die Landschaft in den ersten Stunden des Tagesanbruchs von ganz besonderem Zauber.

An einem Morgen in Wiltshire ging ich auf einem schmalen Weg in der Nähe von Fifield Bavant und es schien, dass er in einer Sackgasse endete. Eine matschige Spur wand sich durch einen dunklen Wald, und ich setzte meinen Weg zwischen den Pfützen fort, als plötzlich ohne Ankündigung Sonnenlicht den Weg erhellte. Der Nebel zwischen den alten, herunterhängenden Ästen wurde golden, die grünen Blätter schienen wie angezündet. Es war, als wäre ich in eine andere Welt gestolpert.

Der Pfad führte weiter in einen brillant leuchtenden See von taubenetztem, in der Sonne funkelndem Gras. In der Wiese stand eine kleine Kirche, kniehoch von Wiesenkerbel umgeben. Sie hatte einen simplen, rechteckigen Grundgriss, war aus Naturstein und Feuerstein erbaut und seit dem 13. Jahrhundert kaum gealtert. Die Einrichtung war mit ihren schlichten Holzstühlen und hausgemachten Kniebänken einfach und bescheiden. Obwohl es keine Kanzel gab, war die Kirche erfüllt von einer ruhigen Heiligkeit.

Die Landschaft ist ohne ihre Kirchen nicht vorstellbar. Wie bei den Landhäusern hört der Besucher ein Echo vergangener Epochen. Unglaublich friedvoll kann es sein, zwischen den Stuhlreihen hindurchzugehen, sich die Familien der Dörfer vorzustellen, wohlhabende und arme, und wie sie hier vor langen Zeiten saßen.

Ebenso friedlich ist es, über den Friedhof zu gehen, seltsame Inschriften auf verwitterten Grabsteinen zu entziffern, die von Flechten überzogen sind. Unumgänglich denkt man bei einem Besuch alter Dörfer an die Menschen, die hier einst lebten und dazu beitrugen, dem Ort seinen unverwechselbaren Charakter zu verleihen. Die milde Präsenz der Natur auf einem Dorffriedhof mit seinen alten Eiben, Wildblumen und dem »weichen Wind im Gras« überrascht dich immer wieder, oder wie Emily Jane Brontë es in »Wuthering Heights« treffend ausdrückt, »wie unvorstellbar es ist, dass die Schlafenden in dieser stillen Erde einen unruhigen Schlummer haben«.

EIN WEITERES MERKMAL DER DORFKIRCHEN sind die wundervollen Blumenarrangements. Zu Recht ist England als Nation von Blumenliebhabern bekannt. Besonders wird das in den Blumenfesten der Dörfer sichtbar, in den blumengeschmückten Kirchen und den Hochzeiten in makellosen Gärten. Zu bestimmten Zeiten werden beeindruckende Festivals veranstaltet.

In Castleton in Derbyshire beispielsweise beobachtete ich eine mit Menschen gefüllte Straße, die den jährlichen »Garland Day« feierten. Seit mindestens zweihundert Jahren wird dieser Tag begangen. Das Wichtigste sind die mit Blumen geschmückten Menschen, die trinken und lachen und allesamt fröhlich sind. Im Zentrum des Umzugs steht eine große Girlande an einem glockenförmigen Weidengerüst. Es hat eine Größe, um über Kopf und Schultern gestülpt werden zu können. Ein mit dieser Glocke geschmückter Mann reitet zu jeder der sechs Kneipen, an der die Glocke ausgestellt wird. Den Mann in der Girlande nennt man König, der von seiner Gemahlin gefolgt wird, die allerdings nicht Königin heißt. Diese Bezeichnung ist reserviert für ein kleineres Blumengebinde auf der Spitze der großen Girlande. Beiden folgt die Castleton Silver Band und eine Gruppe junger, weiß gekleideter Morris-Tänzer. Die Königs-Girlande wird schließlich in den Glockenturm der Kirche gezogen und etwas später das Königin-Gebinde an der Kriegergedenkstätte aufgehängt. Dort wird dann getanzt, unter anderem der Garland Step, der fast jeden erfasst. Es wird getrunken, gelacht und gesungen und das gesammelte Geld gespendet.

Während des ganzen Jahres finden überall im Land ähnliche Zeremonien statt. Nicht alle Feste werden von Blumen, aber durchweg von seltsamen Kostümen begleitet. Was diese farbenfrohen, altertümlichen Rituale (berühmt sind u. a. Haxey Hood, Hallaton Hare Pie and Bottle-Kicking, Cooper's Hill Cheese-rolling, das Hunting the Earl of Rone in Combe Martin und das St. Briavel's Bread and Cheese Dole) gemeinsam kennzeichnet, ist ihr Charakter als eine Art Entschuldigung dafür, die gemeinsame Erinnerung zu feiern. Die meisten sind überaus exzentrisch, auf die Einhaltung lokaler Details wird genau geachtet, alte und junge Menschen sind mit gleichem Enthusiasmus dabei. Und wie bei vielen anderen Aktivitäten auf dem Land ist es stets wichtig, Geld für soziale Einrichtungen zu sammeln.

Der »Garland Day« ist da keine Ausnahme. Dabei ähneln die Figuren denen des Jack-in-the-Green-Fests auf dem Rochester Sweeps Festival. Während dieses am 1. Mai gefeiert wird, fällt der »Garland Day« auf den 29. Mai. Dieser Tag wird als Oak Apple Day anlässlich der Rückkehr des Monarchen Charles II. 1660 begangen, der sich neun Jahre zuvor auf der Flucht vor den so genannten »Rundköpfen« (Parlamentarier, A. d. Ü.) einen Tag in einem Eichenbaum versteckt hatte. An manchen Orten nennt man diesen Tag auch »Pinch Bum Day«, weil jeder, der ohne Eichenzweig dekoriert war, mangelnde Loyalität zum König erkennen ließ. Kinder liefen dann Gefahr, ins Hinterteil gezwickt zu werden.

In Tetbury in Gloucestershire standen wir in stürmischem Regen, um Läufern unterschiedlichen Alters zuzusehen, die an mehreren Wettläufen auf einem 220 Meter langen nassen Straßestück teilnahmen, welches das *Crown Inn* und das *Royal Oak* trennt. Dabei erschwerte der schneidende Wind das Zuschauen erheblich. Den männlichen Läufern wurde das Leben noch schwerer gemacht und ein 27 Kilogramm schwerer Wollsack mitgegeben. Frauen mussten einen 16 Kilogramm schweren Sack die steile Strecke hinaufschleppen. Aber die meisten Läufer, einige sportlicher aussehend als andere, hatten nur im Sinn, beim Einzel- und Teamrennen alles zu geben. Bisher liegt der Rekord bei knapp unter einer Minute.

Hinter jedem Ritual verbirgt sich immer eine Geschichte. Tetbury erlangte bereits im Mittelalter durch seinen Wollmarkt große Bedeutung. Im 19. Jahrhundert erlebte der Wollhandel seinen Niedergang und das Brauereiwesen musste die entstandene Lücke füllen. So greift das Wollsack-Rennen beide Traditionen auf. Ein oder zwei Gläser Bier leisten nicht selten Überzeugungsarbeit bei der Frage, ob ein voll beladener Bergaufsprint wirklich eine gute Idee sei. Dieser Tag ist für viele eine gute Gelegenheit, einen Tag frei zu nehmen und nicht zuletzt Geld für einen sozialen Zweck zu sammeln.

Dem Landleben würde es ohne diese seltsamen Traditionen zweifellos an markanter Vielfalt fehlen. Auch wenn wir die ländlichen Gegenden häufig nur als grüne Wald- und Wiesenlandschaften denken, so machen doch die Menschen das Liebenswerte aus und weniger die geografischen Gegebenheiten. Andererseits wäre es aber ebenso falsch, die Wurzeln dieser Bräuche nur in der Gesellschaft zu suchen. Unsere Feiern auf dem Land beziehen

die Landschaft ein, mal spielt eine bestimmte Wiese oder ein Hügel eine Rolle, mal die Wolle einer regionalen Schafrasse, mal stehen Zweige von speziellen Bäumen des Orts im Vordergrund und, am häufigsten, in der Gegend wachsende Blumen.

In Bisley in Gloucestershire zum Beispiel stellen die Bewohner ein verblüffendes Gebinde aus einjährigen Blumen für ein »gut gekleidetes« Festival her. In St. Neot in Cornwall wird ein Blumenteppich geknüpft und in Wiltshire an einem Ort namens Pops Farm zog mich ein Aurikel-Theater in seinen Bann. Aurikel kamen im 18. und frühen 19. Jahrhundert extrem in Mode, nachdem die ersten Pflanzen vom europäischen Festland nach England gekommen waren. Enthusiasten, vornehmlich Besitzer von Herrenhäusern, bauten die in Reihen gestellten Aurikel-»Theater« auf, um Freunden ihre besten Pflanzen zu präsentieren. Heutzutage sind sie zu gewöhnlichen Pflanzen geworden, aber immerhin gibt es drei Aurikel-Gesellschaften im Land.

IN SUSSEX BESUCHTE ICH MEINE FREUNDE RUPERT UND Jan Grey, die in einem abseits liegenden, kleinen Landhaus am Rande der South Downs (hügelige Kreidelandschaft in Südengland, A. d. Ü.) leben. Rupert war ein siebenjähriger Junge, als seine Eltern 1955 das Haus für 250 Pfund kauften. Es war eine »totale Ruine ohne Wasser, Strom und Telefon«, aber heute, 20 Jahre nachdem Rupert und Jan es übernommen haben, gibt es wohl »keinen schöneren Platz zum Leben. Es ist undenkbar, dass wir je hier wegziehen werden«.

Das kleine Anwesen liegt in einer versteckten Ecke von Sussex, halb begraben in einer Falte des waldigen Hügellands, und man kann sich kaum vorstellen, keine 100 Kilometer von London entfernt zu sein. Eine überschwängliche Atmosphäre des Ländlichen erfüllt diesen Ort. Drinnen wie draußen ist alles anders als in der Stadt. Von dem mit Rosen bewachsenen Gebäude über die Hochbeete für Küchenkräuter und der Wäsche, die auf der Leine hängt, bis zur Küche mit der niedrigen Decke, unter der Jan selbst gezogenes Gemüse verarbeitet, wird der Traum vom glücklichen Landleben Realität.

Sie leben auf eine unverfälschte, traditionelle Weise, haben weder Telefon noch Zentralheizung und nichts in der Ausstattung des Haupthauses und der Nebengebäude ist aus Kunststoff. Unermüdlich bearbeiten sie ihr drei Hektar großes Grundstück. »Bei uns köchelt immer irgendein Projekt«, sagt Rupert, »Heckenschnitt, Umgraben, Einzäunen – alles, was getan werden muss. Noch sind wir keine Selbstversorger, aber wir streben in diese Richtung.«

Es gibt Leute, die dieses Leben nur als harte Arbeit ansehen, aber für Rupert und Jan ist es »Magie«, und ihre drei Kinder scheinen ihnen zuzustimmen. »Sie kommen immer wieder zurück«, sagt Rupert. »Ich glaube, auch sie spüren diese Magie. Es ist einfach ein besonders schöner Ort. Jeden Morgen gehe ich in die Berge hinauf. Das dauert nur 15 Minuten, und immer, wenn ich von oben auf die Landschaft blicke, wird es mir warm im Bauch.« Danach geht er durch den Löwenzahn und das hohe Gras zum Ende des Gartens, wo er neben dem Gartentor ein Bad nimmt.

»Die Wanne stand früher im Haus, aber als wir das Haus renovierten, kam sie nach draußen. Jahrelang stand sie ungenutzt im Garten, bis ich die Idee hatte, einmal heißes Wasser reinlaufen zu lassen.« Nun badet er dort jeden Morgen, versunken in seinem Paradies, und

grübelt über das nach, »was das Thema dieses Tages werden kann. Ein perfekter Platz zum Meditieren ist das und häufig erledigen sich die Probleme von selbst, während ich bade. Manchmal hockt sich ein Rotkehlchen auf den Wasserhahn zu meinen Füßen. Ich werde es einfach nicht leid, so zu leben.«

Ist dieses romantische Dasein typisch für das Landleben? Eher nicht. Es ist durchaus möglich, auf dem Land ein Leben zu führen, das sich vom Stadtleben nicht wesentlich unterscheidet. Auch wenn viele eher stadtähnlich leben, sind Rupert und Jan nicht die einzigen derart extremen Landbewohner. Dabei liegt die Essenz nicht in der traditionellen Lebensweise (sie ist gar nicht immer traditionell), sondern eher in der engen Verbindung zur Umwelt.

Zahllose andere wohnen ähnlich, alle nach ihrer Fasson. Das Landleben ermöglicht eben vielen, vollkommen unterschiedlichen Menschen, hier ihren häufig komischen, schrulligen Enthusiasmus auszuleben.

WENIGE TAGE DARAUF VERSCHLUG ES MICH nach Poyntington im Nordwesten von Dorset. Das alle zwei Jahre stattfindende Blumenfestival war im Gange und das Dorf voller Menschen und Pflanzenstände. Liebhaber suchten nach Schnäppchen, und die Luft war zum Schneiden gefüllt mit gärtnerischer Neugier.

Was den Geist dieser von Sonne und Regen gekennzeichneten Veranstaltung ausmachte, war die Haltung aller Dorfbewohner, rauszugehen, um zu spielen und sich dabei nicht von ein paar Schauern die Laune verderben zu lassen. Die Jugendlichen trieben sich schüchtern herum, während die Kinder an Gesichtsbemalungen oder an Plastikentenrennen am Fluss ihren Spaß hatten. Auf dem Rasen standen Liegestühle, es gab Tee und im großen Zelt spielten Blasmusiker (die Sherborne Town Band) mit einer Hingabe, die selbst einen grauen Tag zum Leuchten bringen konnte. Junge Tänzerinnen in bestickten Uniformen kamen aus dem nahen Yetminster und tanzten überaus kunstvoll auf der Straßenkreuzung.

Sharon Sandon, die in Irland lebte und deren Mutter irische Tänze unterrichtete, bringt Kindern diese recht schwierigen Tänze bei.

Das Besondere daran ist nicht, dass sie alt sind, sondern dass alle Menschen sie mögen. Ist es altmodisch, sich selbst einen Spaß zu bereiten oder eine traditionelle Kunst zu erlernen? Ich glaube nicht. Mit Moden hat all das nichts zu tun. Diese Menschen ziehen einfaches, aktives Vergnügen dem kostspieligen, passiven vor. Es mag mit dem Leben auf dem Land zu tun haben, denn dort findet man viele Menschen, die Hochachtung vor der alten Zeit haben.

Julia Locke beklagt allerdings den Mangel an jungen Menschen, die ein Blasinstrument erlernen und damit die Zukunft der Band sichern. »Es gibt viele andere Aktivitäten für Kinder.« Nachdem Musik und Tanz so viel Freude verbreitet haben, ist es kaum zu glauben, dass nicht ein oder zwei Kinder davon angesteckt worden sind.

ICH WÜRDE DARAUF WETTEN, DASS IN 50 Jahren die Menschen in Poyntington ihr Blumenfestival auf die gleiche Weise wie heute begehen. Menschen auf dem Land verwerfen nicht so schnell ihre Traditionen und Vorlieben. Der Geist des »Aus Alt mach Neu« ist hier noch ebenso lebendig wie der Respekt vor Dingen, die ein langes Leben hinter sich haben. Das mag teilweise mit Geld zu tun haben, aber es ist vor allem eine Frage der Haltung. Man fühlt sich nicht so unter Druck, sich von der Vergangenheit zu lösen. Deshalb sind die Fotografien in diesem Buch voller alter Sachen – alte Werkzeuge, alte Möbel, alte Marmeladengläser, alte zusammengenähte Stoffe. Sie zeigen das Leben, wie es heute gelebt wird, und Altes wird nicht zugunsten von Neuem aufgegeben. Beides existiert harmonisch nebeneinander.

Schaut man in ein Haus auf dem Lande, wie etwa das bereits erwähnte in Coombe Bissett, fallen zwei Dinge auf. Alles ist nicht besonders glanzvoll, die Einrichtung ist häufig nicht konsequent durchgestaltet. Möbel und Dekorationen kommen aus verschiedenen Epochen und Stilrichtungen, Funktionalität und Robustheit sind selten zu übertreffen. Während die Gestaltung der Räume durchaus geschmackvoll ist, stehen meist praktische Erwägungen im Vordergrund. Deshalb rangieren Fliesen oft vor Teppichböden, und vielfach finden wir dunkles Mobiliar. (Man kann ein weißes Sofa haben oder Hunde, aber beides zusammen geht nicht.) Der Geist vom Leben auf dem Land erfüllt den Außenraum ebenso wie das Hausinnere, und bei dem ständigen Raus und Rein ist es von Vorteil, nicht arg schmutzempfindlich zu sein.

Weiterhin sind Landhäuser erfüllt von der geisterhaften Präsenz früherer Bewohner und Ereignisse. Ein leerer Raum kann sich plötzlich füllen mit Menschen und dem Widerhall ihres Lebens. Schauen Sie sich die Gegenstände auf diesen Bildern an – die alten Möbel, gewebten Teppiche und die leichte Unebenheit der Balken. Wer kann in solche Räume schauen, ohne sich Geschichten dazu vorzustellen?

Der Begriff Land beschwört die geschlossenen Zyklen der Natur herauf – die der Pflanzen und Tiere, die Wärme von Tages- und Jahreszeiten. Und die Lebenszyklen von Generationen kommen ins Bewusstsein, die auf ihren Äckern blieben, in ihren Häusern älter wurden, ihre Kinder in der gewohnten Landschaft großzogen und begraben wurden auf den Friedhöfen ihrer Vorfahren. Eines der bestimmenden Merkmale des Landlebens ist, dass Mensch und Landschaft die gleiche Vergangenheit teilen, dass sich Erinnerungen nicht von der Umgebung trennen lassen. Das macht vielleicht die Abbildung rechts so speziell. Eine einfache Urlaubsimpression ist da zu sehen, von einem Freund in einem Gemälde festgehalten, mit Muscheln des Strandes auf einem Kaminsims platziert. Meine Lieblingshäuser sind solche, die gefüllt sind mit persönlichen Erinnerungen wie diesen. In solchen Rückgriffen auf fröhliche Zeiten haben die Menschen immer etwas von sich selbst verewigt – und zu wem sie irgendwann auch gelangen werden, jeder wird etwas von sich selbst darin entdecken.

NICHT NUR ZU HAUSE, AUCH IN ÖFFENTlichen Gebäuden werden Erinnerungen zelebriert. Im Wiltshire-Dorf Charlton St. Peter findet jährlich ein Fest statt zu Ehren eines hiesigen Korndreschers namens Stephen Duck, der im 18. Jahrhundert zum Dichter wurde (mit Werken wie etwa »The Tresher's Labour«) und dann tragisch zu Tode kam. 1834 stiftete einer seiner Verehrer, Lord Palmerston, die Erträge eines halben Hektars Land, um in der Dorfkneipe *Charlton Cat* zu Ducks Ehren ein jährliches »Drescher-Dinner« zu veranstalten. Seitdem findet es hier statt. Es ist nicht leicht, Dutzende hiesiger Arbeiter entsprechend zu dekorieren, und das Lesen von Ducks Werken kann ebenfalls ein Ringen werden, aber generell hat jeder eine gute Zeit. Als ein altgedienter »Duck« beschreibt es Tim Fowle so: »Ich will nicht derjenige sein, der sagt, dass wir das aufgeben und 275 Jahre Geschichte einfach wegspülen, nur um damit keine Arbeit mehr zu haben.«

ANDERE DÖRFER SIND NICHT IN EINER SOLCH glücklichen Situation wie Charlton St. Peter. Tausende haben in den letzten Jahren ihre Kneipen verloren, hochgerechnet etwa fünf pro Tag im Land. Erstmals seit 1066 gibt es mehr Dörfer ohne als solche mit einem Pub.

Das ist traurig. Es gibt für die ländliche Bevölkerung wohl keinen besseren Ort als ein Pub, um sich der dörflichen Gemeinschaft bewusst zu werden. Menschen gehen dorthin, um sich Geschichten zu erzählen, nicht nur die neuesten Gerüchte, sondern vor allem das mitzuteilen, was an Veranstaltungen geplant, was gerade und vor langer Zeit geschehen ist. Sie halten Geschichte am Leben und damit den einzigartigen Charakter jedes einzelnen Dorfs. Oder wie es Dr. Johnson ausdrückt: »Nirgendwo ist je so viel Freude hervorgebracht worden als in guten Kneipen oder Gasthäusern.«

Es gibt aber noch andere Traditionen, die Glückseligkeit und kommunikative Wärme erzeugen können, und diese schließen unsere Leidenschaft für das Gärtnern ein. Grundsätzlich sind die prächtigen Staudenrabatten und liebevoll gemähten Rasenpartien

hinter so vielen Dorfhecken private Werke der Eigentümer, aber viele wollen ihr Erreichtes mit anderen teilen.

Der steigenden Popularität von Gartenfestivals, Gartenclubs und vor allem Aktionen wie der »Offenen Gartenpforte« folgend wollen viele Gartenbesitzer zeigen, was sie herangezogen haben. So verschwiegen ein typischer Landhausgarten auch sein kann, er ist andererseits auch ein Ort des freundlichen, sozialen Miteinanders. Hier können wir die Schönheit der Natur bestaunen und das, was der Boden mit etwas Hilfe des Menschen hervorzaubern kann.

Zu den besten Tagen auf dem Land gehören solche mit einem Gartenbesuch, und geöffnete Gärten, ob groß oder klein, bescheren vielen Menschen wundervolle Sommerwochenenden. Für viele von uns sind Blumen einfach die Würze des Lebens. Wir düngen sie, studieren und sammeln sie, geben sie weiter und blühen selbst auf in ihrer Schönheit.

Gibt es ein schöneres Bild als eine alte Mauer aus dem 18. Jahrhundert, über die rosa Rosen wachsen oder weiße Wiesenmargeriten, die sich im warmen Wind wiegen?

Jede Blume hat ihre eigene Schönheit, und die größte Freude macht sie uns mit ihrer Fähigkeit, immer wieder zu überraschen. Wie meine Rosen und Rittersporne, die fast über Nacht zu faszinierenden, in sich verwobenen Farben und Mustern erblühen. Während man sich in einem Moment noch fragt, wann sie endlich blühen, und ihnen den Rücken zukehrt, brechen ihre Blüten mit spektakulären Farben auf. Die in einem Garten wirkende Liebe ist gar nicht hoch genug einzuschätzen. Gerade die Möglichkeit, die Freude daran mit anderen Menschen zu teilen, ist zu einem wesentlichen Element dörflicher Gemeinschaften geworden – die wie die Blumen selbst Zeit brauchen, sich zu öffnen. Und wenn wir allein sind, werkeln wir für uns darin herum oder suchen die Einsamkeit verschwiegener Wälder oder Bachtäler.

WER SICH NORD- UND SÜD-, OST- UND WESTWÄRTS DURCH das englische Hinterland treiben lässt, wird nie lange unterwegs sein müssen, um Momente zu erhaschen, die das Herz mit Hoffnung fluten. Dies kann eine atemberaubende Aussicht sein, ein würziger Duft oder die kurze Beobachtung eines wilden Tiers. Ein Haus, aus einem unerwarteten Blickwinkel entdeckt, kann schon genügen. Alles wartet darauf, entdeckt zu werden. Ich schätze, dass William Wordsworth solche Entdeckungen meinte, als er schrieb: »Freude ist über diesen Erdball ausgesät in herumirrenden Gaben, die dem gehören, der sie finden wird.«

Ob im entferntesten Winkel des Landes oder im eigenen Garten, überall warten Überraschungen. Ich hoffte, im Juni in Appleby Zigeuner und ihre Pferde zu sehen (ich erwähnte, dass sie auch hier einen Pferdemarkt abhalten), aber ich erwartete sie nicht in einem rasch fließenden Fluss. Aber da waren sie nun in dieser Flussschleife, führten ihre Pferde in tiefes Wasser und prüften, ob ihre Tiere stark genug waren, mit Reitern auf ihren Rücken schwimmen zu können. Manche werden solche Bräuche missbilligen. Aber für diese Gesellschaften, die uns hoch technisierten Menschen so fremd sind, sind sie wichtig und identitätsstiftend. Dieser kurze Eindruck einer wilderen Welt war verwirrend und beeindruckend zugleich.

The Bay Tree

Einem Raffael-Gemälde hätte die Szene entstammen können, dieser junge Mann wie ein Kentaur innigst verbunden auf seinem Pferd sitzend, er und die Brücke sich im kühlen Wasser spiegelnd, während die alten Bäume alles dunkel umrahmen.

Ebenso wird man auf einer Überlandfahrt beispielsweise Mohn am Rande von Weizenfeldern erwarten, aber beides wild durcheinander wachsend wohl kaum. Dies sah ich in Somerset nahe Castle Carey, wo die Erde scharlachrot und gold leuchtend dalag unter dunkelgrauen Wolken, die so tief hingen, als wollten sie das Feld berühren (siehe nächste Doppelseite), und mir alles vorkam wie eine surreale Verschmelzung eines Monet- und Van-Gogh-Gemäldes. Das Verschwenderische und Unermessliche der Natur war überwältigend. Gleichzeitig überkam mich aber auch der nüchterne Gedanke, dass Bauern weniger Pestizide verwenden müssten, um Mohn wieder in die Felder einziehen zu lassen.

Weiter westlich nahe Stithians in Cornwall beeindruckten mich Dorfbewohner aller Altersstufen an einem riesigen Scheiterhaufen. Es war Mittsommerabend und das Feuer Teil eines alten Rituals. Solche Feuer werden entlang einer Kette hoher Leuchttürme in Cornwall entzündet, die warnend die Ankunft der spanischen Armada 1588 anzeigten. Die Feuer sind eine bedeutend ältere Zeremonie zu Ehren der Sonne, die auf vorchristliche Zeiten zurückgeht und später zur Feier des St. John's Eve in vielen Teilen Großbritanniens angezündet wurden. Aber dieser Brauch starb, sogar in Cornwall, Ende des 19. Jahrhunderts aus. In den späten 1920er und frühen 1930er Jahren belebte man ihn dort wieder und er hat seitdem an Popularität nichts eingebüßt.

Es gehört nicht viel dazu. Man stelle sich die traditionelle Bonfire Night ohne Feuerwerkskörper vor, aber mit bunten Kostümen und eingestreuten Tänzen. Es ist nicht viel mehr als ein Grund, zusammenzukommen und etwas Geld zu sammeln. Aber wenn in Stithians die Feuer entzündet, nach altem Brauch Kräuter hineingeworfen und Lieder in kornischer Sprache gesungen werden, stehen einem unweigerlich die Nackenhaare zu Berge.

EINES TAGES ENTDECKTE ICH IN DER Nähe von Sherborne einige neugierig schauende Kühe auf einem Hügel. Wir fanden heraus, dass es tatsächlich ungewöhnliche Tiere waren. Seltsam breitschultrig waren sie mit unproportional großem Körper, an die naiven zweidimensionalen Gemälde englischer Kühe in der Malerei des 18. Jahrhunderts erinnernd. Es waren Beef Shorthorns, die vom Durham Ox abstammen und dem Arzt Dr. Simon Cave und seiner Frau Penny gehören, die sie in ihrer Freizeit halten. Sie haben sechs Kühe, »alles Ziegelsteine auf Beinen«, wie Penny sagt, zwei Kälber und einen Bullen namens Colonel.

Es war gut zu hören, dass eine solch seltene Rasse noch gehalten wird und man sich vor Colonel nicht zu fürchten braucht. Mit seinen mächtigen Schultern, der tiefen Hüfte und gekräuselten Stirn sah er aus wie ein prähistorisches Monster. Er sei eine sanfte Bestie, aber Penny ergänzte auch, »dass man sich ihm besser nicht in den Weg stellt, bevor er sich nicht selbst entschlossen hat, woandershin zu gehen.« Dann wanderten die Kühe zu einem entfernten Teil der Wiese, und nach einer Weile des Nachdenkens entschied sich Colonel, ihnen zu folgen. Wir verschwanden aus seinem Weg, sahen seinen braunen Rücken in die Ferne wanken, während die Erde zu zittern schien.

Solche fremdartigen Begegnungen fangen für mich die ländliche Atmosphäre besonders intensiv ein, genauso wie klapprige Schuppen und Anhänger oder ungepflegte Brennnesselflecken, mit denen die Beef Shorthorns ihre Wiese teilen. Solch liebevolle Unordnung und die einer Wildblumenwiese oder eines zugewucherten Gartens gehören zu meinen Lieblingsplätzen des Hinterlands. Ich erinnere ein Landhaus, dessen bunte Gartenwildnis das Haus nahezu vollständig verdeckte, mit Mohn, der fast bis zur Dachtraufe reichte. Der Duft berauschte mich, das mit Moos bewachsene Dach und die von Flechten übersäten Wände gehörten zu einem Haus, das organisch aus der Landschaft herausgewachsen schien.

»Ehre sei Gott für die scheckigen Dinge«, schrieb Gerard Manley Hopkins vor über 100 Jahren, »… für alle widrigen, originellen, seltenen und seltsamen Dinge.« Heutzutage ist die zügellose Natur wertvoller denn je. Aber nicht nur in der Natur lässt sich eine inspirierende Unordnung entdecken. Viele Dörfer haben sich diesen Charme erhalten, und zahlreiche Landhäuser fallen gerade wegen ihrer scheinbaren Baufälligkeit ins Auge. Auch die hölzernen Tafeln an den Dorfstraßen mit ihrem Wirrwarr an Zetteln gehören zur ländlichen Atmosphäre. Alle diese häufig handgeschriebenen Notizen erzählen eine Geschichte, manche mit Rechtschreibfehlern, viele Zettel sind vom Wetter zerfleddert, andere nicht mehr aktuell. Sie berichten von Festausschüssen oder Gemeinderatssitzungen, dann werden Leute gesucht, um in einer Spielgruppe mitzumachen, den Hund auszuführen oder etwas zu reparieren. Hier sind die Stimmen des halben Dorfes vertreten.

Eine ähnliche Qualität haben die handgemachten Schilder an den Landstraßen, die »Frische Eier«, »Honig« und »Brennholz« anbieten oder zum »Selbst pflücken« einladen. Diese Willkommensgrüße sind nicht nur ein erfrischender Kontrast zu den grellen Werbetafeln der Einkaufszentren, sondern vor allem eine sympathisch humane Einführung in die Landschaft. Sie erzählen etwas über regional angebaute Nahrungsmittel. Handschrift, Formulierung und Scherze sind winzige Schlüssel zu den Charakteren der Menschen, die sie gemacht haben.

Ein Schild führte uns in Carlton Colville in Suffolk zu Mohrrüben und zu William Boon, einem 76-jährigen Kleinbauern, der seit seiner Geburt hier lebt. Er freute sich über eine gute Ernte, die neben Mohrrüben auch aus Rüben, Pastinaken, Rosen- und Weißkohl bestand. Das meiste verkauft er an der Straße. Er ist glücklich, nach dem Pensionierungsalter noch arbeiten und sich damit das Gefühl von Unabhängigkeit geben zu können. »Es geht nicht darum, Geld zu verdienen«, sagt er. »Es geht um einen Lebensstil.«

DER DRANG, NAHRUNG ANZUBAUEN, ist tief im Wesen des Menschen verankert. Wie wir an der anhaltenden Popularität von Schrebergärten und Grabeland feststellen können, streben auch Menschen ohne eigenen Besitz danach. Für Stadtbewohner stellt ein Ernteausflug ins Hinterland eine gute Kombination dar, preisgünstig einzukaufen und nebenbei ihren Geist aufzufrischen. Auch wenn sich der Landmensch nicht vollständig von seiner eigenen Ernte ernähren kann, genießt er den Aspekt der Selbstversorgung. Unbestritten macht es mehr Spaß wie der Einkauf in einem Supermarkt, und außerdem ist es beruhigend zu wissen, woher das Gemüse kommt.

Für einige Menschen ist das Heranziehen von Nahrung eine ernsthafte Angelegenheit. Mein Freund Marwood Yeatman gehört dazu. Er lebt in einem idyllischen ehemaligen Wirtshaus in der Nähe von Fordingbridge am Rand des New Forest. Er verfolgt leidenschaftlich den Anbau und das Zubereiten von Obst und Gemüse in traditioneller Weise. Der Autor des prämierten Buchs »The Last Food of England« lebt seine Ideale und isst an Gemüse nur eigenes, ökologisch gezogenes.

Sein Küchengarten ist ein perfekt geführter, natürlicher Vorratsraum mit jedem erdenklichen Gemüse und Küchenkraut. Das Wenige, das sein Garten nicht liefern kann (wie Fleisch und Milchprodukte), kauft er von Produzenten in der Nähe. Für ihn ist das sozial verantwortungsbewusst und bequem zugleich. »Wenn du italienisches Olivenöl statt lokal hergestellte Butter kaufst, kann der Butterproduzent sein Geschäft aufgeben«, sagt er in einfachen Worten.

Zum Kochen und Backen verfeuert er nur gefallenes Holz von seinem Grundstück. Er braut Bier, stellt Joghurt her, legt Zwiebeln ein und hängt Schinken unter seine Decke – weiterhin mäht er eine Wildblumenwiese, bewirtschaftet eine große Menge an Obstbäumen und etwa 7500 Quadratmeter Wald. Marwood liebt diese Vollzeitbeschäftigung. Alles macht er mit der ruhigen Verlässlichkeit eines Mannes, der in direktem Kontakt mit seiner Umwelt und der Energie lebt, die sich von unbeirrbarem Enthusiasmus speist.

Eine Mahlzeit in Marwoods Haus ist eine unvergessliche Erfahrung. »Wir haben ein gutes Leben hier«, sagt er. »Es ist frei von Mode und Glanz ... Das Haus ist das letzte in diesem Gebiet mit der ursprünglichen Einrichtung. Ich sehe keinen Sinn darin, ein altes Haus zu kaufen und es wie neu aussehen zu lassen. Ich wusste, was das *Old Ship* wollte, und halte das in Ehren.« Im Garten

machten er und seine Frau Anya, eine Fotografin und Grafikdesignerin, es ebenso. »Wir fanden heraus, was das Land wollte, und respektierten das.«

Es gibt Blumen hier, und Anya ist besonders bemüht, sie zu arrangieren, aber zweifellos steht die Nahrung im Vordergrund. Außerdem wachsen dekorative Küchenkräuter im Garten, und im nahen Wald eine unerschöpfliche

Menge an Wildkräutern und -blumen. Manche mögen Marwood verschroben nennen, aber er lässt sich nur von einer Idee herausfordern. »Wer gesalzenes Schweinefleisch an den Haken hängt, bringt Leimfarbe an die Wände und feuert mit Holz. So nutzt man Ressourcen am besten, es gibt einen Sinn und verbindet alles in deinem tiefen Innern.« Er erwähnt nicht, dass wir ohne Menschen wie ihn längst nur plastikummantelte Nahrung aus dem Supermarkt essen würden. Die weit verbreitete Bewegung hin zu natürlicher, ökologischer Nahrung aus regionaler Produktion verdanken wir vor allem solch »verschrobenen« Menschen wie Marwood.

Zum einen lebt er so, um zu beweisen, dass es überhaupt geht. Zum andern kommt es aber von einem tiefen Verlangen nach nachhaltigem Verhalten. Er zieht größte Freude daraus und verfolgt, wie viele andere auch, nur seine Vorstellungen vom Landleben. Dabei fühlt er sich durchaus beneidenswert.

AN EINEM NEBLIGEN SOMMERMORGEN besuchte ich eine Freundin am Fluss Great Ouse in Bedfordshire. Sie erntete gerade große Binsen von einem Stakkahn aus. Dabei sah sie aus wie eine Flussgöttin, die dem Wasser entstiegen war. Felicity Irons hat die traditionelle Simsenernte erlernt und schneidet dabei mit einem Messer an einem knapp zwei Meter langen Stiel die Simsen an der Wasserlinie ab. Die auf dem Wasser schwimmenden Halme verfrachtet sie auf ihren etwa fünf Meter langen Kahn. Felicity lernte dies von einem alten Simsenschneider, der ebenfalls an diesem Flussabschnitt arbeitete. Sie ist eine der Letzten dieser Zunft in England und verbringt die meiste Zeit des Sommers bei der Ernte und der Lagerung in einer alten Scheune. In der restlichen Zeit des Jahres macht sie wundervolle, süß duftende Matten und andere Produkte daraus.

»Ich liebe das«, sagt sie. »Man sieht die tollsten Sachen dabei – tauchende Eisvögel oder schwimmende Ringelnattern, und am Abend hast du das befriedigende Gefühl, einen guten, arbeitsreichen Tag verbracht zu haben. Ich kann mir nicht vorstellen, einmal damit aufzuhören.«

TRASK
GLOVE
TEAPOT!
LOVE!

THEORY OF SEVEN
Serendipidy
THE MAGIC POSITION
GEORGE
WAZ
EFE
MATT

ICH HABE RESPEKT VOR MENSCHEN WIE MARWOOD UND FELICITY, weil sie Facetten des ländlichen Lebens wachhalten, die sonst verloren gehen würden. Ich mag allerdings auch Menschen, die neue Bräuche erfinden, selbst wenn sie laut und schrill sind. Denn auch sie sind Teil des gegenwärtigen Landlebens. Ein gutes Beispiel dafür fand ich auf Schloss Lulworth Castle. Es liegt über der berühmten Bucht Lulworth Cove an der Küste von Dorset. Hier verbrachte der Dichter John Keats seine letzten Stunden auf englischem Boden und Thomas Hardy ließ eine Szene in seinem Roman »Am grünen Rand der Welt« dort spielen.

Einmal im Jahr findet hier ein ausschweifendes Musikfestival statt. Das Camp Bestival wird von seinen Organisatoren als die »jüngere Schwester« des bekannteren Bestival auf der Isle of Wight bezeichnet. Camp Bestival ist ein junges Festival, weil es neu ist und sich zudem an Familien mit Kindern richtet. Dabei scheint es wesentliche Bedürfnisse zu befriedigen. Mehr als 10 000 Gäste versammeln sich drei Tage lang im Juli zu dieser wahren Explosion aus Musik, Unterhaltung und beschwingter Stimmung. Auf jeden erwachsenen Musikliebhaber kommt mindestens ein Kind, auf jeden Musikinterpreten ein Geschichtenerzähler, Kinderschminker, Jongleur oder ein Insektenzirkus. Daneben gibt es unzählige Dinge zum Hinaufklettern, Hinunterrollen und sonstigen Zeitvertreib. Die Familien schlafen in Tipis, Rundzelten, Biwacksäcken und altmodischen Zelten, sie ernähren sich von Gebratenem aus der Region. Außerdem gibt es einen kleinen Bauernmarkt und einen Kuchenstand. Getanzt wird mit Beginn der Abenddämmerung, so mancher kommt erst in der Morgendämmerung zum Stillstand.

Dies hatten die Welds nicht im Sinn, als sie 1643 Lulworth Castle kauften, aber für die Nachfolger bedeutet das Festival eine gute Möglichkeit, das Anwesen am Leben zu erhalten. Außerdem hilft English Heritage bei der Erhaltung des Schlosses. Man kann sich nicht vorstellen, dass sich jemand freiwillig von dem Meer glücklicher Gesichter verabschiedet, die jung, sehr jung und gelegentlich auch schon etwas älter sind. Sie machen einen Teil des authentischen Landlebens aus und sind ebenso vital wie jede Wanderausstellung oder Landwirtschaftsmesse. Festivals wie dieses lösen das Klischee der Miss-Marple-Szenen eines in der Vergangenheit erstarrten Landes auf. Sie beschwören einen eigenen ländlichen Charme herauf, der auf weitere Popularität hoffen lässt.

FROGSTER

KEINE MENSCHENGEMACHTE EINrichtung kann einem den Atem so verschlagen wie das tägliche Treiben der Natur. An einem frühen Sommermorgen zog mich auf einem grasbewachsenen Kliff bei Perranporth in Cornwall die geballte Kraft aus Sonne, See, Land und Himmel in ihren Bann. Die leuchtende Weite des Ozeans, die blendenden Gold- und Blautöne des Himmels, die sich auftürmenden und zusammenfallenden Wolken und der frische Geruch des Grases ließen alle menschlichen Probleme unwichtig erscheinen. Richard Jefferies, der viktorianische Naturschriftsteller, beschrieb es so: »Wenn wir nie auf die Erde geblickt hätten und plötzlich, Männer und Frauen, in eine Sommerwiese gesetzt würden, wäre uns das nicht eine strahlende Vision?

Die Farben, die Formen, das Lied und das Leben der Vögel, über allem die Sonne und der darauf ruhende Atem des Himmels; der Geist würde mit all dem Glanz gefüllt, unfähig zu begreifen und zu glauben, dass dies alles geschehen kann ... zu schön, um aus lauter Furcht vor dem Verschwinden lange betrachtet zu werden.«

Und doch passiert es, dass diese raue, ungezähmte Grenze zwischen Land und Meer, dieses spektakuläre Stück Küstenlinie, das wir besser »Meerseite« als nur »Küste« nennen sollten, gestört wird. Dann drängen in seine beruhigende Stimmung die Geräusche von Spielautomaten und Autoscootern, der Geruch von Sonnenmilch und Frittiertem und die schrillen Farben von Jahrmärkten.

Jahr für Jahr begeben wir uns auf der Suche nach den einfachen, kindlichen Freuden an den Strand. Es gibt zahlreiche Aktivitäten – wie etwa das Camp Bestival – um die Generationen auf dem Land zusammenzubringen. Aber am wirkungsvollsten lösen Küste und Strand die Grenzen

zwischen den Generationen auf. Sie bringen das Kind in uns allen wieder zum Vorschein. Nicht so sehr durch sichtbare Aktivitäten, sondern vielmehr durch den staunenden Blick des Kindes, mit dem wir die Welt sehen wollen.

Das sah ich wieder und wieder, vom äußersten Zipfel in Cornwall bis zum östlichsten Rand von Norfolk. Halbnackte Männer und Frauen spüren Sand, Salz und Sonne auf der Haut, spielen, bauen Sandburgen und versuchen sich an athletischen Übungen mit Surfbrettern – zweifellos auch, um die Erinnerungen an ihre eigene Kindheit wachzurufen. Aber gleichermaßen soll für einen Moment die dauernde Mäßigung des Erwachsenen-Daseins vergessen sein. Nirgendwo geht das besser als hier.

Was ich am Strand am meisten schätze, ist die ausgestreckte Hand zwischen Jung und Alt. So beobachtete ich in Walberswick in Suffolk eine Gruppe von robust aussehenden Männern, die ihren Kindern erklärten, wie sie Krebse an den Hafenwänden fangen können. Geduldig und zart

erklärten die Erwachsenen, mit andächtiger Aufmerksamkeit lauschten die Kinder. In Perranporth versuchten zwei Damen den eisigen Wind zu ignorieren, um vor ihren Kindern gut dazustehen, während ein Vater wegen zu schwachem Wind das Surfbrett seines Sohnes aus dem flachen Wasser zog. Zwei Familien wurden bei St. Ives weiter westlich Freunde, weil sie gemeinsam ein Spiel am Strand begannen. Ein junges Mädchen erklärte einer korpulenten Dame mit Engelsgeduld, wie man auf einem Surfbrett die Balance hält, und ein junger Mann, der bis dahin kaum Poesie in seiner Seele empfunden zu haben schien, stand regungslos in den kalten Wellen, während die Sonne im Atlantik versank.

Und dann, wenn der Tag zu Ende geht, die Spiele gespielt sind und es die müden Familien zu ihren Ferienhäusern und Frühstückspensionen zieht, stellt sich eine ruhige Stimmung ein. Wer kann sich schon der Atmosphäre eines Ferienhauses oder eines Hotels am Meer entziehen, die durch einen lauen Hauch von Sand und Seegras entsteht, durch Türme alter Bücher und schlichte Schlafzimmer, in denen die Kinder von den nächsten Abenteuern träumen?

Alle, die vor der Epoche der Billigflüge und schnellen Reisen ins Ausland groß wurden und den Jahresurlaub am Meer als das größte Abenteuer der Welt erlebten, werden sich dieser Aufenthalte dann und wann mit einem Blick durch eine rosarote Brille erinnern. Wir neigen zum Romantisieren, sortieren alle ungemütlichen Momente aus wie die lange Fahrt auf engen, buckligen Straßen, das Picknick in der Parkbucht, heruntergekommene Gasthäuser, verregnete, langweilige Wochen mit Sand zwischen den Bettlaken. Konnte es jemals so idyllisch sein, wie wir es uns gern ausmalen? Natürlich nicht.

Aber hinter jeder Erinnerung steckt ein Stück Wahrheit. Solch altmodische Meerurlaube gehören zu einer Zeit, als nur wenige wohlhabend waren. Kaum einer konnte mal eben zum angesagten Feriendomizil fliegen, und die Vorstellung, das Leben sei ohne den letzten Schrei unvollständig, verbot sich für viele. Spaß holte man sich aus der einfachsten Aktivität. Man brauchte einen Eimer, einen Spaten und ein paar Quadratmeter Sand. Heute sind die Menschen reicher, aber vielleicht bedeutend ärmer, weil sie die Freude am Einfachen verlernt haben. In einem Meerurlaub kommt sie besonders dann auf, wenn wir es wieder schaffen, uns an der Natur zu vergnügen. Das hat nichts mit Konsum und Status zu tun, sondern nur damit, ob wir etwas mit dem Schönen um uns herum anfangen können.

Deshalb sind die Einrichtungen in Küstenhäusern so wachrüttelnd. Sie sind einfach, aber nicht plump oder wenig ästhetisch. Sie richten sich an die Grundbedürfnisse des Menschen und implizieren einen wesentlichen Gedanken: Das wirklich Beeindruckende findet draußen statt, und in der Tat erinnert uns der entfernte, unablässige Rhythmus des Meeres hinter den Fenstern stets daran.

Alles ist anders am Meer – der weite Himmel, der herbe Duft der Meeresbrise, die von Wasser und Wind geformten Meeresbecken und Felsgesichter, das Dünengras. Wer Strukturen und Muster sucht, wird hier grenzenlose Inspiration finden.

Erwiesenermaßen ist die Meerluft für Körper und Geist sehr gesund, sie fördert einen tiefen Schlaf, den viele Erwachsene selten finden. Aber das Beste von allem liegt, wie bei allen Schätzen des Landlebens, in der Freiheit, das Meer genießen zu können. Es wird viel geschrieben über Urlaube in Übersee, aber welche Exotik liegt gleich vor unserer eigenen Haustüre? Es gibt viel zu entdecken, nicht nur an der Küste, vor allem in den großen Nationalparks, aber auch auf den ebenso lohnenden, vernachlässigten kleinen Straßen durch die Landschaft.

Wirtschaftliche und ökologische Gründe veranlassen uns heutzutage, einen Urlaub in fernen Ländern kritisch zu prüfen, und immer mehr Menschen schätzen die Freuden eines Urlaubs zu Hause. Unser Hinterland ist eine beeindruckende, frei zugängliche Ressource.

DAS ZUHAUSE IST FÜR DIE MONIES-FAMILIE sehr wichtig. Sie bewirtschaftet seit über einem Jahrhundert die gleichen Felder der Tremedda-Farm in Zennor bei St. Ives in Cornwall. Jeden Sonntag kommen die Familienmitglieder zum Mittagessen zusammen, so wie man es immer tat. Acht Personen saßen am Tisch, als wir kamen. Sie wohnen im Haupthaus, einem angebauten Cottage und in einer umgebauten Scheune. Auch eine Tante und ein Onkel (der hier Zeitung liest) waren aus ihrem Haus etwas oberhalb an der Straße gekommen.

Bridget Monies (am Kopf des Tisches auf der nächsten Doppelseite) ist die derzeitige Hausherrin. Ihr ältester Sohn Nicky betreibt die Farm und ihre anderen fünf Kinder sind gerade dabei, das Zuhause zu verlassen oder zurückzukehren. »Tremedda hat etwas Spezielles«, meint Bridget. »Die Menschen wollen immer wiederkommen, auch die, die nur kurz da waren. Ich erinnere, wie mein Vater von den Evakuierten während des Weltkriegs das Gleiche erzählte. Selbst sie wollten wiederkommen.«

Das ist einerseits der reinen Schönheit des Ortes geschuldet – 100 smaragdgrüne Hektar Land liegen zwischen der Farm und dem Atlantik. Und dann kommt die Wärme der Monies-Familie hinzu. »Ich denke, dass viele Menschen nicht realisieren, wie sehr die Familie sich untereinander helfen kann«, sagt Bridget. »Ganz einfach für den anderen da zu sein, kann einen großen Unterschied machen. Wenn es was zu tun gibt, tritt jeder an. Was auch passiert«, fügt sie hinzu, »einmal am Tag setzen wir uns hier zum Essen zusammen.«

Wie viele Milchbauernhöfe hat auch Tremedda harte Jahre hinter sich, aber die Monies waren innovativ und verlegten sich zusätzlich auf Eiscreme-Herstellung. »Falls einer von Nickys Brüdern oder Schwestern hätte zurückkommen wollen, wäre nicht für alle genug Arbeit auf der Farm gewesen.« Die Sache wurde ein voller Erfolg und bringt Arbeit für die ganze Familie, von der Herstellung bis zum Marketing. »Niemand von uns hat sich vorgestellt, was diese Idee möglich gemacht hat.«

Sie bieten ihre Produkte namens »Moomaid« in ganz Cornwalls Westen an. An Farmläden, Restaurants, Kneipen, Hotels und sogar am Strand werden sie verkauft. Die Milch kommt von ihren schwarz-weißen Holstein-Rindern, beim Verpacken helfen die Kinder und jeder bringt Ideen für neue Geschmacksrichtungen ein. Als saisonale Spezialität gibt es beispielsweise ein »Christmas pudding flavour«. »Es ist viel Arbeit«, sagt Bridget, »und zwei nasse Sommer hintereinander waren auch nicht besonders hilfreich. Aber es war richtig, das anzufangen, und es ist schön, alle Kinder hier zu haben.«

Ich habe die Monies an ihrem Esstisch beobachtet, die schön arrangierten Familienfotos, die Kinder emsig bei der Arbeit in der Eiscreme-Herstellung und die Kühe gemächlich auf ihren Wiesen grasen gesehen, und kann nicht anders, als mich allen anzuschließen, die immer wiederkommen wollen. Bridget drückt es in einfachen Worten aus: »Es ist die schönste Art zu leben.«

AUCH ANDERE ORTE RUFEN DICH ZURÜCK. Zwei Jahrhunderte Tourismus haben der Romantik des Lake District nichts anhaben können. Neben den Bergen locken regionale Bräuche, wie etwa die Grasmere Sports im August, Tausende Besucher an. Dabei verfolgen sie Wettkämpfe wie etwa Querfeldein-Rennen (die Läufer rennen in mörderischem Tempo zu einer Klippe und wieder zurück), Hunderennen (Hunde folgen über viele Meilen einer Duftspur durch die Berge) oder das Cumberland- und Westmorland-Wrestling. Dabei schieben und drehen sich Paare junger Männer in einem »Zwei-Mann-Gedränge« solange, bis einer abrupt auf den Rücken fällt. Das ist eigenartig und packend zugleich, seit präviktorianischen Zeiten kommen die Besucher jedes Jahr wieder.

LEO

FIRST
FOURTH
FIRST
SECOND

ZU RECHT NANNTE WILLIAM WORDSworth Grasmere den »lieblichsten Ort, den der Mensch je gefunden hat«. Darüber hinaus gibt es weitere Verlockungen. Manchmal glaubt man, es gäbe nichts Bestechenderes als die leeren Küstenpartien von East Anglia. An langen Sommertagen finden wir dort die Stimmung einer vom Wetter gezeichneten Landschaft vor, in der alles von Sonne, Wind und Meer gebleicht erscheint. Diese Stimmung erlebten wir intensiv an einem Platz nahe Dunwich, an dem im Mittelalter eine größere Stadt stand. Im 13. und 14. Jahrhundert verleibte sich das Meer diese Stadt ein, und an dieser Stelle liegt nun ein ruhiges Fischerdorf. Farbe und Beschaffenheit der an Land gezogenen Boote und einsamen Fischerhütten passen sich an den verwitterten Stein des Dorfs und seiner Klosterruine ebenso an wie an die erodierten, sandigen Kliffs und die vom Wind gezeichnete Heidelandschaft dahinter. Alles wird irgendwann von der Zeit fortgetragen.

JILL ANNE
LOWESTOFT
DUNWICH

1
2
3
5

Entlang der Küste entdeckte ich das raue Flachland von Essex um Mersea Island, wo die Flüsse Blackwater und Colne in die kalte Nordsee münden. Im schlammigen Delta des Colne zu stehen ist wundervoll, den elegischen Rufen der Vögel zuzuhören und die Feuchte der Luft zu schmecken. In St. Osyth, ganz in der Nähe, gibt der Künstler Guy Taplin den Feinheiten der Landschaft in Skulpturen eine Gestalt, am häufigsten in Vögeln des Meeres, immer aus Treibholz gefertigt. Er ist selbst wie Treibholz, scheinbar ziellos unterwegs, wurde in London geboren, hatte zahllose Jobs, auch als Vogelwart im Londoner Regents Park. Vor 30 Jahren entdeckte er dann seine Gabe, Vögel aus Holz entstehen zu lassen, und nun ist die Küste von Essex seine Schatzkiste, gefüllt mit Strandgut. Seine Vögel und hier besonders die Enten sind heiß begehrt. Von unvergesslicher Anmut ist sein Atelier, ein Lager von gebleichtem Abfallholz, das Guy als »Echo oder Reste vergangenen Lebens« bezeichnet.

NICHT WEIT ENTFERNT, IN Orford nahe des Butley Creek, steht eine dunkle, von der Zeit gegerbte Hütte, eine von vielen hier. Innen tut sich eine kulinarische Wunderwelt auf mit gesalzenem Fisch über glimmendem Eichenholz, an der Decke klebt zu sirupartigen Tropfen erstarrter Rauch. Diese Hütte gehört zur Butley Orford Oysterage, einem Mekka für Feinschmecker, das vor etwa 50 Jahren vom Ex-Londoner Richard Pinney gegründet wurde. In der Umgebung gab es jahrhundertelang Austernbänke, aber in der Mitte des 19. Jahrhunderts wurden sie aufgegeben. Richard nahm sich selbstbewusst und auch ignorant vor, die Austernzucht wiederzubeleben. Nach Jahren stellte sich der Erfolg ein und heute sind Geschäft und Restaurant berühmt, nicht nur der Austern, auch der geräucherten Forellen und Makrelen wegen.

ABSEITS DER KÜSTE NIMMT DER SOMmer eine andere Oberfläche an. Das Laub ist dunkler, die Weizenfelder tragen das Gold einer Löwenmähne. Auch hier gibt es noch kleine Wunder zu entdecken. Auf einer Dorfwiese bei Cheltenham beispielsweise lagerte ein Wanderzirkus mit einem Ring alter Wagen um ein kleines Zirkuszelt. Von Mund zu Mund sprach sich herum, dass der Zirkus da war, und an jedem Abend der Woche war das Zelt gefüllt.

Niemand war enttäuscht. Giffords Circus ist unwiderstehlich quirlig, mit seinen Akrobaten, fliegenden Artisten und beeindruckenden Pferdenummern.

Eine Violine spielt unter einem Seiltänzer, daneben zeigen ein Messerwerfer, ein einmalig lustiger Clown, eine eher ungewöhnliche Sammlung an Tieren wie Ziegen, Enten, Kaltblutpferden und ein Mann im Bärenkostüm ihre Kunststücke. Der Zirkus ist dafür bekannt, sich tief im Hinterland mit seiner Magie verdient zu machen.

Etwa 50 Artisten und Betreuer werden angeführt von Nell Gifford (auf dem Pferd rechts), die ihr Handwerk in Europa und Amerika erlernte, bevor sie vor 10 Jahren in den Cotswolds ihren eigenen Zirkus gründete. »Unsere ländliche Show richtet sich an die Landbevölkerung«, sagt sie. Sie und ihr Mann sind hier aufgewachsen, und »viele von uns sind vom Land, und die, die uns sehen wollen, sind auch Leute vom Land. Wir haben Tiere vom Bauernhof und auch einen Traktor«. Im Winter zieht sich der Kern der Truppe auf eine Farm bei Stow-on-the-Wold zurück, wo Landwirte von ihrem handwerklichen Geschick profitieren.

Die Zirkusleute führen ein hartes Leben. Sie sind ständig unterwegs, gehen an ihre körperlichen Grenzen und sind häufig gnadenlos dem Wetter ausgesetzt. »Bei Hitze kochst du«, sagt Nell, »wenn es kalt ist, frierst du, und wenn es regnet, säufst du ab.« Aber die Aufregung, wenn der Zirkus ein Dorf erreicht, und das begeisterte Publikum entschädigen für all das. »Ich sehe keinen Reiz darin, an riesigen, halbleeren Schauplätzen in London zu spielen, wenn ich hier an jedem Abend ein voll besetztes Zelt in der intimen Atmosphäre eines begeisterten Publikums haben kann.«

SÜDLICH VON SHAFTESBURY LIEGT eine gewellte Graslandschaft names St. James's Common. Ein alter brauner Wohnwagen steht darauf, an dem ein kleines, geschecktes Pferd angebunden ist. Beides gehört Andy, einem Reisenden. »Ich bin immer gereist, überallhin. Nach Schottland, zum Lake District, nach Wales, in den Südwesten. Ich glaube, meine Eltern waren auch Vagabunden, ich weiß es nicht genau. Der Forest of Dean ist mein Favorit, weil die Leute dort besonders freundlich sind, aber ich gehe dahin, wo Arbeit ist. Ich bin Farmarbeiter, der weiterzieht, wenn die Arbeit getan ist.«

Sein Wohnwagen ist klein, aber hier fühlt sich Andy am wohlsten. Wie seinem Pferd Joey kann ihm die Hektik der Welt da draußen nichts anhaben. Er fühlt sich nur gestresst, wenn er weiterziehen muss. »Ich bleibe gern an Plätzen, wo man mich kennt. Seit fünfzig Jahren mache ich das, und deshalb bin ich an vielen Orten bekannt.«

Andy beteuert, dass es ein einsames Leben sein kann. Einige seiner Kollegen haben sich niedergelassen, und auch er hatte mal eine Familie, von der er sich schließlich trennte. Seine Kinder sieht er hin und wieder in Dorset und versucht dann, möglichst viel Zeit mit ihnen zu verbringen. »Ich versuche, ihnen die alten Kniffe beizubringen. Wie man ein Kaninchen fängt, aus nichts ein Feuer zustande bekommt, wie man halt überlebt. Ich will, dass sie das wissen, und sie lieben es.« Vor langer Zeit wollte er sesshaft werden. »Ich kaufte Land und lebte dort.« Aber das passte nicht zu ihm.

Auf der Suffolk Smallholders (Kleinbauern, A. d. Ü.) Society Show in Stonham Barns präsentiert ein großer Mann mit buschigen Koteletten namens Tom Walne stolz Daisy, sein sieben Jahre altes Suffolk-Punch-Pferd. Früher sah man diese kräftigen Arbeitspferde häufig auf den englischen Äckern, aber heute »sind sie seltener als Pandabären«, wie Tom sagt. Er glaubt, dass es nur noch 400 Stück gibt.

Dass es sie überhaupt noch gibt, hat mit Leuten wie Tom zu tun. Er wuchs auf einem Hof im nahen Westerfield auf und arbeitete als Jugendlicher mit einer Suffolk-Punch-Stute. In den 1940er Jahren wurden 30 Prozent der Ernte in England an Pferde verfüttert. Mit dem Einzug des Traktors drohten Rassen wie das Suffolk Punch auszusterben.

Tom nahm verschiedene Jobs an, beim National Service, im Landmaschinenbau und im Transportwesen. In den frühen 1970er Jahren konnte er eine alte Suffolk-Stute kaufen und vor dem Schlachthof retten. »Ein freundliches, hart arbeitendes Pferd« war der Beginn eines Hobbys, das seitdem sein Leben bestimmt. Dann spult er die Namen seiner Suffolks herunter, die er hatte: Nelly, Star, Gertie … Tom unterstützt auch den Suffolk Punch Trust, und dank der Stiftung hat sich die Zahl der Pferde landesweit wieder verdoppelt.

»Es ist Hobby, keine Arbeit,« sagt er. Der 76-Jährige lebt am Rand von Ipswich und arbeitet immer noch in Vollzeit. Er stellt beispielsweise Zäune auf oder schneidet Hecken, um seine Liebhaberei finanzieren zu können, die er mit seiner Partnerin Sandy teilt.

NATIONAL VEGETABLE SOC
harities registration no. 108897

DIE MEISTEN VON UNS WÜRDEN DAS AUSsterben des Suffolk-Punch-Pferdes nicht bemerken, aber es hilft viel, immer und immer wieder von Toms Engagement zu erzählen. So kann sich ein Sinn für die Vielfalt entwickeln, die ganz normale oder solch außergewöhnliche Menschen mit manchmal seltsamen Leidenschaften erzeugen. Ob Morris-Tanz oder Marmelade, ob Pflanzenschnitt oder Blumenbinden – alles wird mit einer Begeisterung betrieben, die dörfliche Gemeinschaften zusammenhält und dem Land seine unmissverständlichen Schwingungen verleiht. Menschen reden mit einer ansteckenden Begeisterung über ihren Stolz und ihre Freude. Es kann ein Garten oder ein Haus sein, ein Lebensmittel oder eine Landschaft, aber nur selten verfolgt man eine modische Absicht. Es geht um

wahre Werte. Ich bin besonders stolz auf meine Dahlien, diese schönsten aller Blumen, gleichzeitig extravagant und spektakulär gefärbt, jede eine kleine, liebenswerte Gabe zur Aufhellung der Welt. Die Freude an ihrem Blühen im Garten kann höchstens überboten werden durch schöne und große Arrangements für das Haus. Eine Schubkarre voller frisch geschnittener Dahlien zieht mich an, wie ein Weihnachtsbaum ein Kind anzieht. Wäre ich eine Frau, ich würde Hüte aus Dahlien tragen.

Stolz und Freude im großen Maßstab kann man am besten auf einem Besuch der Landwirtschaftsschauen wie etwa der Royal Bath & West Show in Shepton Mallet erleben. Dort zeigen Bauern, Kleinbauern und Gärtner aus dem ganzen Südwesten ihre Erzeugnisse. Es ist ein riesiges Füllhorn ländlicher Freuden, in dem Menschen und Gemüse den Rhythmus bestimmen. Begeisterte Amateure kommen mit anerkannten Experten zusammen, während sie eine schier endlose Auswahl an Äpfeln, Birnen, Möhren oder Tomaten untersuchen und jede einzelne Frucht auf den kleinsten Mangel prüfen. Stolz erfüllt den Aussteller, wenn seine Zwiebeln oder Auberginen einen Preis gewinnen. Verlierer gratulieren freundlich und beteuern leise, im kommenden Jahr mit etwas Unschlagbarem

dabei zu sein. Es mag wirklich unglaublich erscheinen, dass so viele Männer und Frauen ihre ganze Energie auf gartenbauliche Perfektion verwenden, aber es gibt für mich nur wenige andere, derart verdienstvollen Dinge. Der Anbau von Obst und Gemüse bereichert das Leben, und es ist eine wundervolle Beobachtung, wie Menschen geradezu aufblühen beim Betrachten einer perfekten Steckrübe.

Daher wundert es nicht, dass der Wettbewerb von gigantischem Gemüse mit einem 65 Kilogramm schweren Kürbis gewonnen wurde, den Ken Dade aus Norfolk gezogen hatte. Der 92-jährige Alf Cobb aus Nottinghamshire brach seinen eigenen Rekord mit einer 91,9 Zentimeter langen Gurke und in einer Tierausstellung waren niedliche Kürbis-Pinguine zu sehen oder auch ein Moschuskürbis-Löwe mit einer Petersilien-Mähne. Es ist erfreulich, wie viele sich immer noch für die eigene Nahrungserzeugung begeistern können.

Die Bath & West Show hat wenig gemeinsam mit der Unterhaltung, wie das Fernsehen sie versteht. Es ist purer Charme. Es ist real. Es ist ein großartiger Tag woanders (oder vier Tage für die wirklich Engagierten) und diese Tage sind ein besonderer Teil des Landlebens.

Redsleeves
Late Summer
Dessert Apple
Red Victoria
Summer / Autumn Cooker
Sanspareil
Spring Dessert
Apple
Late Summer
Dessert Apple
Spartan
Late Autumn
Dessert Apple
Stirling Castle
Summer/Autumn
Cooker
Reinette Ananas
Midwinter
Dessert Apple
Rev. W. Wilkes
Summer/Autumn
Striped Beefing
Late Keeping
Cooker
Sunburn
Midwinter
Dessert Apple
Rosemary Russet
New Year
Dessert Apple
Sunrise
Late Autumn
Dessert Apple
Sunset
Late Autumn
Dessert Apple
Tom Putt
Late Autumn
Dessert Apple

Wagener Spring Dessert Apple
Dabinette Cider Apple
Ellis Bitter Cider Apple
White Melrose Summer/Autumn Cooker
Filbarrel Cider Apple
Frederick Cider Apple
William Crump Midwinter Dessert Apple
Winter Queening Early Autumn Dessert Apple
Harry Masters Jersey Cider Apple
Redstreak Cider Apple
Worcester Pearmain Early Autumn Dessert Apple
Chisel Jersey Cider Apple
Browns Apple Cider Apple
Crimson King Cider Apple
Sops In Wine Cider Apple
Sweet Coppin Cider Apple
Stembridge Jersey

NICHT ALLES ESSBARE IM BÄUERLICHEN ENGland wird kultiviert, ein großartiger Tag draußen muss nicht auf einer organisierten Veranstaltung zugebracht werden. Die Natur hat ihre eigenen Schätze, und es gibt Menschen, die das Gras wachsen hören und die Stellen kennen, wo diese Schätze zu finden sind.

An einem warmen Herbstmorgen zeigte uns der Künstler Dante Leonelli die Stelle in einer lichten Waldlandschaft, an der Steinpilze wachsen, die botanisch *Boletus edulis* heißen. Sie sind das Brot-und-Butter der Vorratshaltung. Sie sind leicht zu finden, zu identifizieren und zu kochen. Besonders schmackhaft sind sie als gegrillte Scheiben. Neben Pilzen, die man stets mit vorsichtigem Schritt suchen muss, hat das Land noch viel mehr Nahrhaftes zu bieten: Nüsse, Beeren, Brennnesseln, Löwenzahn, Schnecken, Vogelmieren oder Schlehen gehören dazu. Erfahrene Waldläufer wie Dante (oder Marwood Yeatman im New Forest, dessen getrocknete Pilze gegenüber abgebildet sind) können eine ganze Speisekammer mit wildwachsenden Delikatessen füllen, besonders im Herbst.

Für einige Menschen reicht dabei eine Speisekammer nicht aus. Die bemerkenswerteste Sammlerin, die mir je untergekommen ist, heißt Anne Misselbrook. Sie lebt in einem großen, wenig ländlichen Sozialwohnungskomplex in Redruth in Cornwall. Die meiste Zeit verbringt sie allerdings auf Reisen, sucht in

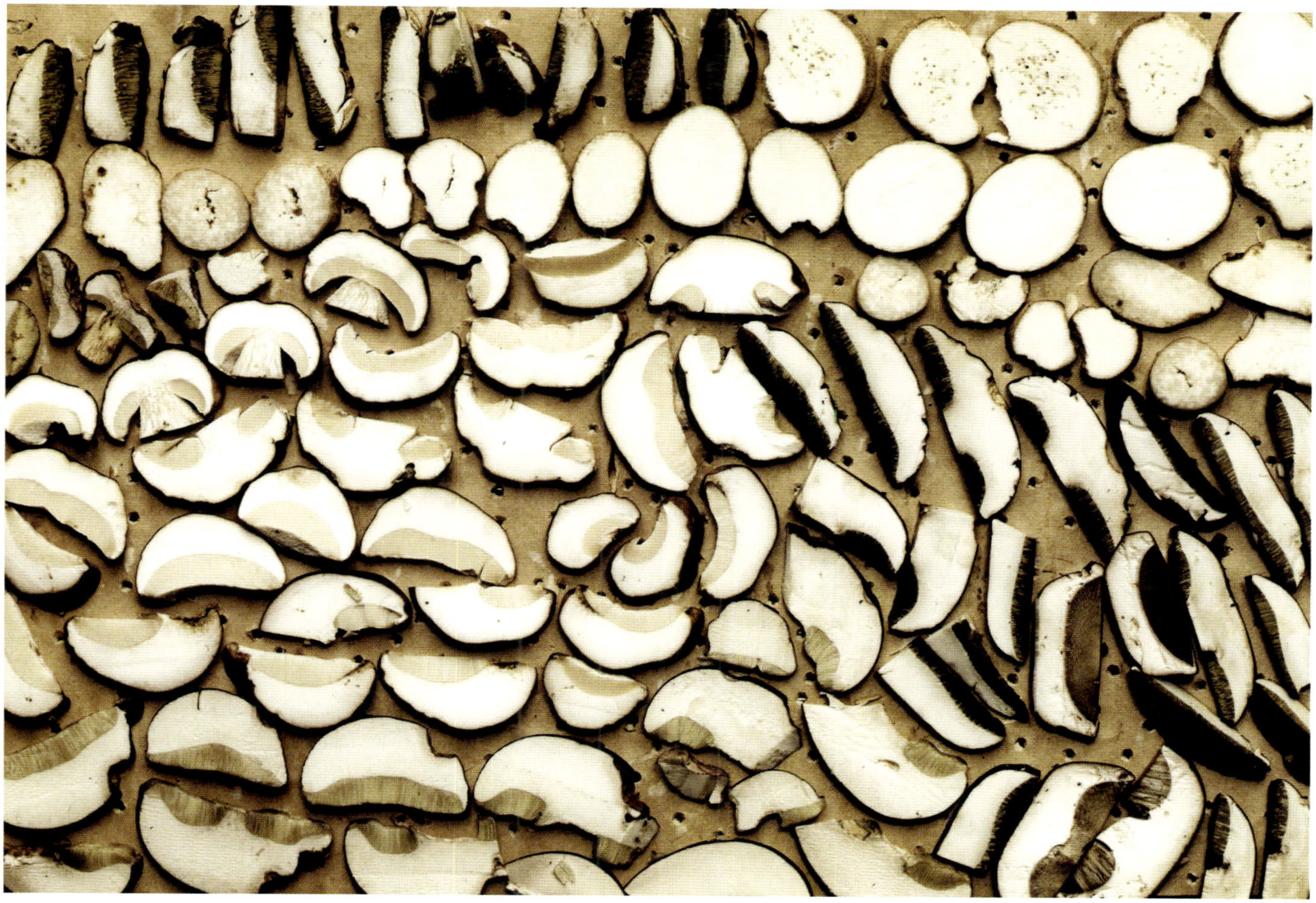

Hecken, Wäldern und auf Küstenwiesen in Cornwalls Westen nach Spezialitäten aus der Natur. Mittlerweile ist sie weithin bekannt und beliefert erstklassige Restaurants in Cornwall und darüber hinaus.

Anne wurde im ländlichen Hertfordshire geboren und hat sich der Nahrungssammlung zugewendet, seit sie vor sechs Jahren nach Redruth gezogen ist. Sie weiß, wo sie 80 bis 90 verschiedene essbare Pflanzen oder Pflanzenteile findet, angefangen bei Blättern, Beeren und Wurzeln über Pilze, Meeralgen, Blumen, Samen und Nüsse. Zu ihren Favoriten zählen Sauerampfer, Meerfenchel, Senfblätter, Margeritenblätter, Pferde-Eppich, Blüten und Beeren des Holunders, Hagebutten, Schlehen, Thymian, Fenchel, Majoran, Minze, Fuchsiensamen, Leimkraut, Scharbockskraut und Mittagsblumen.

Häufig sucht sie so viel, dass sie einen alten Einkaufswagen braucht, um die Pflanzen zu ihrem Auto zu bekommen. Sie drückt ihre Passion so aus: »Es ist sehr befriedigend, das zu tun. Dieser Reichtum der Natur macht mich jeden Tag glücklich, und ständig gibt es Neues zu entdecken, je nach Saison. Auch wenn man es nicht gleich mitnimmt, sieht man, was in Blüte steht oder Samen ansetzt. Es geht darum zu entdecken, was gleich vor dir wächst. Es ist erstaunlich, wie viele Menschen nichts sehen, selbst wenn es gleich vor ihren Augen wächst.«

FBG 2

NICHT JEDER SCHATZ IST ESSBAR, DIE LANDschaft hat noch viele andere, übersehene Wunder zu bieten. Hunderte von Millionen vom Morgentau benetzte Spinnennetze hängen jeden Herbst in den Zweigen der Bäume – aber wie oft bleiben wir stehen, um sie uns anzusehen? An einem Tag tat ich das und stand solange still, bis meine Füße über der Beobachtung ihrer komplexen Schönheit fast taub zu werden drohten. Sie schienen mir tausendmal schöner als die schönste Perlenkette, frei für den Genuss eines jeden, der sich die Zeit nimmt.

In gleichem Sinne kann man fragen, wie oft man innehält, um etwa eine Kuh zu studieren. Eine verrückte Idee, vielleicht, aber ich beobachtete eine Herde von Longhorn-Rindern bei Rousham in Oxfordshire, die unbeweglich wie Eichen in der nebligen Parklandschaft standen. Diese altertümlich wirkenden, geduldigen Biester haben etwas Grandioses. Erst aus der Nähe begreift man die unglaubliche Kraft, wenn sie da stehen, vollkommen gelassen, riesig und mysteriös, unempfindlich Kälte und Regen gegenüber, inmitten der Nebelschwaden, die sich über ihr Fell legen. Mit jeder Minute des Beobachtens und Sinnierens scheint die Welt unwirklicher und wunderbarer zu werden. Alltägliche Dinge wie eine Baumrinde oder ein Bach, Unkräuter, Hasen, Reiher oder Regenwasser, das in Rinnsalen einen steinigen Weg hinunterfließt – all diese Dinge erinnern uns an die Freigebigkeit der Natur. Sie sind Geschenke.

IM HAUS SIND WIE DRAUSSEN SCHÄTZE ZU FINDEN, die nichts mit großem Geld zu tun haben. Ein altes Haus ist häufig gerade dann besonders schön, wenn nicht viel investiert worden ist. Armut kann eine große Beschützerin sein. Es gibt kaum eine bessere Methode, um ein Haus zu ruinieren, als viel Geld hineinzustecken. Wenn Geld dagegen knapp ist, besonders über mehrere Generationen, macht sich nicht selten die Aura einer charmanten Vernachlässigung breit.

Das gilt für Herrenhäuser und kleine Landhäuschen. Rousham, eines meiner Lieblingsanwesen, wird nicht vom National Trust oder English Heritage unterhalten. Stattdessen haben viele Generationen der Eigentümerfamilie das Gebäude instand gehalten, und weil große alte Häuser dazu neigen, Geld zu verschlingen, hat es sich über die Jahrhunderte kaum verändert. Es ist weitgehend so geblieben, wie sein Architekt, William Kent, es sich ausgedacht hat.

Haus und Garten von Rousham sind faszinierend. Nach meiner Meinung ist dieses Frühwerk gleichzeitig die beste Arbeit von William Kent und, wie bei einem guten Wein, sind Haus und Garten über die mehr als 250 Jahre langsam gereift. Nichts daran hat sich je an spätere Moden angepasst, es gibt weder Teeraum noch Geschenk-Laden, und zu Umgestaltungen kam es auch nie. Die gegenwärtige Besitzerin, Angela Cottrel-Dormer, meint dazu: »Wir haben nur immer weiter gemacht. Man tut, was man kann, und macht sich keine Gedanken darüber, was man nicht kann.«

So lässt sich noch heute Kents Vision erkennen und all den Generationen nachspüren, für die Rousham ein Zuhause war. »Wir sind glücklich hier«, sagt Angela. »Und wir hoffen das für jeden von den etwa 50 Menschen, die auf dem Anwesen leben. Viele sind hier geboren und aufgewachsen. Es ist die letzte Station eines feudalen Systems, es ist unverfälscht, maßvoll, traditionell und gemütlich.«

Ich habe Rousham verschiedene Male besucht, und es war jedes Mal eine Freude, in der großen Halle die Bienenwachspolitur zu riechen oder in die freundlichen Blicke der gemalten Vorfahren zu schauen. Immer brennen Feuer, hier und da stehen gemütliche Lehnstühle, es herrscht eine wohnliche Stimmung. Besuchergruppen, die zur Erhaltung des Hauses beitragen, werden von der Familie selbst durch das Haus geführt.

Der Hausrat hat sich mit jeder Besitzer-Generation angesammelt. So finden wir keine fein gestaltete Innenausstattung vor, sondern eher ein dreidimensionales Skizzenbuch mit Erinnerungen. Zwei authentische Sammlungen von Erinnerungen finden wir im Haus; die Bediensteten-Räume »die Treppe hinab« und die Räume »die Treppe hinauf«. Unten ist es funktionaler und etwas einfacher eingerichtet, aber auch mit ländlichem Charme. Badezimmer und Küche mit abblätternder Farbe, ramponierte Töpfen und Pfannen gehören zur Textur des Hauses, wie Zierrat und Fotografien in den Wohnräumen und die Schießscharten in der Eingangstüre. Sir Robert Dormer bohrte sie selbst hinein, um das Haus besser verteidigen zu können. Es ist ein belebtes Zuhause, alles wird benutzt und hat seinen Sinn – nichts steht dort zu Ausstellungszwecken. Diesen Stil kann man nicht erfinden. Den hat die Zeit geschaffen.

DIE JAHRESZEITEN WECHSELN, DIE Morgenstunden werden kühler, aber nicht weniger verwunschen. Herbstnebel kann eine vertraute Landschaft in einen Archipel aus Bauminseln verwandeln, die aus dem Nebelmeer aufsteigen, wimmelnd von unsichtbarem Leben, das entdeckt werden will. Die Anbaumethoden mögen sich verändert haben, aber die

Zeit des Nebels und der reichen Ernte hat nichts von ihrer Romantik verloren. Alle, die mit dem Landleben verbunden sind, spüren die Kraft der Erde, die sie mit Reichtümern versorgt.

Das Erntefest auf Rousham ist ein anrührendes Erlebnis. Dann füllt sich die kleine Kirche unter Glockengeläut mit adrett gekleideten Menschen jeglichen Alters, die wie unzählige Generationen vor ihnen für die Ernte danken. Einige bringen Essbares mit, alle singen fröhlich. Hier schweißt die Überzeugung alle Anwesenden zusammen, dass ohne erfolgreiche Ernte ihr Überleben höchst zweifelhaft wäre.

Überall im Land schreitet die Ernte voran, und wenn mehr und mehr Nahrung gesammelt und eingelagert ist, durchzieht eine besondere Fülle die ganze Atmosphäre. Das bemerkte ich in

spezieller Weise auch in einem Wald in Sussex, als Kinder Kastanien über einer kleinen Feuerstelle rösteten. Diesen süßen, rauchigen und sogar berauschenden Duft wird man nie mehr vergessen, wenn man ihn einmal gerochen hat. Es ist wundervoll mit anzusehen, dass es noch Kinder gibt, die solche Erfahrungen machen dürfen.

Andere haben weniger Glück. Aus der neuen Ausgabe des »Oxford Junior Dictionary« wurde nun eine Reihe simpler Begriffe gestrichen, die zum Landleben gehören. So mussten Worte wie »Eichel«, »Brombeere«, »Asche«, »Bach«, »Butterblume«, »Weidenkätzchen« oder »Rosskastanie« Begriffen Platz machen, die dem modernen Leben näher stehen wie etwa »Anhang«, »Prominenter«, »Staatsbürgerschaft«, »Ausschuss«, »obligatorisch« oder »Datenbank«. Es mag lächerlich klingen, aber ich sehe das als ein Symptom einer traurigen Entwicklung. Es gibt so viele Kinder, die nichts über unser Hinterland wissen, und ich

wünschte, ich könnte ihnen all das zeigen. Man wird kaum Esskastanien rösten, ohne sich einmal die Finger zu verbrennen, und man wird ebenso wenig beim Conker-Spiel (Spiel mit Rosskastanien, A.d.Ü.) stets ohne Verletzungen davonkommen. Aber das sind keine Gründe, Kinder davon abzuhalten. Dies alles bereichert den Schatz an Erinnerungen, und diese sollten so vielfältig sein wie die Farben des Herbstlaubs. Solche intensiven Kindheitserlebnisse bleiben unser Leben lang wach, um in späteren Jahren wieder nachempfunden zu werden. Das ist schon ein Wert an sich, aber wichtiger noch scheint mir jede Erfahrung zu sein, die einem Kind erlaubt, sich selbst ernähren zu können. Solche Aktivitäten sind an Intensität kaum zu übertreffen. Die Alternative dazu ist eine Zukunft mit Fertiggerichten vor dem Fernseher.

3-91 BIRKETT'S BAKERY
10-77 Homepride

WENN DER HERBST SEINEM HÖHEPUNKT entgegenstrebt, können ihn alle, die auf dem Land unterwegs sind, förmlich riechen. In Scheunen und Vorratsräumen herrscht die liebliche, schwer zu beschreibende Atmosphäre von frischen Produkten. Hier hängen trocknende Zwiebeln von der Decke, dort liegen frisch ausgegrabene Kartoffeln, auf Holzregalen setzen Äpfel mit süßlichem Duft ihren Reifeprozess fort.

Wer eine Dorfstraße hinuntergeht, dem verrät die Nase schnell, welche Früchte oder Gemüse ernteireif sind. In Dorset und Somerset ist der Herbst (nach Geoffrey Chaucer) »schwer von Äpfeln«. Viele haben hier Apfelbäume, manche eine ganze Obstwiese, aber die meisten ein oder zwei Bäume. Das Problem, wenn man das so nennen darf, ist die Menge an Äpfeln, die gleichzeitig reif werden. Auch wer sie mag, bekommt nicht alle gegessen oder eingekocht. Verschenken kann man sie auch nicht, weil alle anderen ebenfalls mehr als genug haben.

In dem Teil Westenglands, in dem ich lebe, steht auf einer Farm eine Gemeinschaftspresse. Patricia Thompson betreibt sie, eine beeindruckende Frau, die in einem bewegten Leben unter anderem Nachrichtensprecherin im Senegal war. Sie hat das Leben von vielen Menschen in der Gegend verändert, die in kleinem Maßstab Äpfel ernten.

Anstatt uns über faulendes Obst in unseren Gärten, Schuppen und Küchen zu ärgern, bringen wir es zu Patricia nach Henstridge gleich an der

Grenze zu Somerset und lassen sie zu Apfelsaft verarbeiten. Es ist herrlich unkompliziert. Nach ein paar Stunden des Plauderns, Zerkleinerns und Pressens in ihrer Scheune haben wir genug Saft, der nach wirklich frisch gepflückten Äpfeln schmeckt und für den Rest des Jahres reicht. Patricia betreibt die Presse, aber die Bewohner des Dorfs haben sie gekauft. Wie so oft bei solchen Unternehmungen belebt eine gemeinschaftliche Initiative die Stimmung einer ganzen Gegend. In den vergangenen Jahren haben mehrere hundert Gemeinschaftsläden im Land aufgemacht und die Lücke gefüllt, die aufgegebene traditionelle Dorfläden hinterlassen haben. Öffentlich verwaltete Pubs sind eine noch recht junge Variation der gleichen Idee. Man muss sich nur darüber klar werden, dass man mit gemeinschaftlichem Handeln sein Leben deutlich verbessern kann.

Wer zu Patricia auf die Farm geht und ihr bei der Arbeit zusieht, entdeckt eine neue Qualität des Lebens. Die Luft ist voller Herbstdüfte – die alte Scheune, die Holzregale, der matschige Boden, die Kisten voller angelieferter Äpfel und der Duft der frisch gepressten Äpfel. Reife scheint die Luft durchdrungen zu haben. Patricias Wirken an der Presse lässt einen unweigerlich an Thomas Hardys Beschreibung des Försters in »The Woodlanders« denken. »Er sah aus und roch wie der Bruder des Herbstes, sein Gesicht weizenfarben gebräunt, seine Augen so blau wie Kornblumen, seine Hemden und Hosen gefärbt mit Obstflecken, seine Hände klebrig vom süßen Saft der Äpfel.«

Colman's

Es ist ein Ort, an dem die Grenzen zwischen Mensch und Natur verschwimmen. Dieses Verschwimmen kann einem Landhaus seinen Charme geben, seien es nasse Mäntel, die tropfend im Flur hängen, oder ein paar noch nach einem Schuppen duftende Holzscheite. Es gibt nur wenige ebenso anrührende Herbstdüfte wie der Rauch eines Holzfeuers, der einen Landhaus-Schornstein verlassen hat, während sich die Bäume vor der untergehenden Sonne schwarz färben. Landhäuser sind eben dann am besten, wenn sie sich auch nach Landleben anfühlen. Überall finden sich dort Spuren der Landschaft, von den Gartenkräutern und hausgemachten Marmeladen in der Küche bis zum Schinken aus der Hausschlachtung, der an einem Haken über der Feuerstelle hängt, in dem Holz glimmt, das in der Nähe gesammelt worden ist.

Menschen gehören zur Landschaft wie die Natur selbst. Das Feuer ist angezündet, damit Menschen sich dazustellen. Das Sofa haben Generationen von Menschen abgenutzt. Das Essen ist gerichtet, damit Menschen gemeinsam eine Mahlzeit haben.

All das ist Teil dessen, was das Land mir bedeutet. Menschen versammeln sich, freuen sich an dem Essen aus der Gegend, an der Wärme einer Feuerstelle und dem Komfort von alten, vertrauten Möbeln. All das sind unkomplizierte Vergnügen, und sie sind die köstlichsten, die das Leben zu bieten hat.

IN HINTON ST. GEORGE IN SOMERSET KOMMT man zur Punky Night zusammen, einer lokalen Variation von Halloween. Laternen werden aus Mangoldwurzeln geschnitzt anstatt aus Kürbis, eine Parade marschiert durch die Straßen, und in einer Abschlussfeier werden die besten Laternen prämiert. Niemand kennt die Entstehung der Punky Night, aber eine Legende erzählt von einer stürmischen Nacht, in der betrunkene Dorfbewohner auf ihrem Weg von Chiselborough einschliefen und vor den Laternen erschraken, mit denen ihre Frauen nach ihnen suchten. Hat man je die begeisterten Dorfbewohner jeglichen Alters in der Punky Night beobachtet, ist man glücklich, dass dieser Brauch überlebt hat.

WENN DIE NÄCHTE LÄNGER WERDEN, STREBEN die Gedanken unweigerlich dem Weihnachtsfest zu. Es ist eine betriebsame Zeit, Weihnachtslieder und Theaterstücke werden eingeübt, Festtermine hin und hergeschoben, Familientreffen organisiert und natürlich Geschenke gekauft und Weihnachtsessen vorbereitet. In meinem Teil von Dorset ist es noch immer möglich, die Weihnachtseinkäufe zu absolvieren, ohne in die Halbwelt der Einkaufszentren, Megastores und des Internet-Shoppings eintauchen zu müssen. In unseren Städtchen und Dörfern schaffen es traditionelle Ladenbesitzer nach wie vor, während der Festzeit das Interesse auf sich zu ziehen. Ich wünschte, viele Menschen würden unser Glück hier bemerken. Wenn wir diese Geschäfte nicht nutzen würden, wir würden sie verlieren.

In Blandford Forum gibt es einen wundervollen Ort, den Dorset Bookshop. Er verteilt sich über mehrere Räume in einem schönen alten georgianischen Gebäude im Zentrum der Kleinstadt. Seit zirka 60 Jahren gibt es diesen Buchladen nun, vor wenigen Jahren übernahmen Kevin und Denny Cook das Geschäft. Aber auch die neuen Besitzer haben den Geist dieses sehr persönlichen Ladens bewahrt, und so wird der Besuch zu einem Vergnügen, unabhängig davon, ob man etwas kauft.

»Wir führen keine Bestseller«, sagt Denny. »Das hat keinen Sinn. Über den Preis können wir nicht konkurrieren. Wenn große Ketten wie WH Smith den neuen Harry Potter für 99 Penny verschleudern, legen wir uns nicht ein Stück davon ins Geschäft. Wir sind dazu da, gute Bücher anzubieten und das zu suchen, was die Menschen lesen wollen. Es gibt keine klaren Regeln, nur wir entscheiden. Wenn sich Beziehungen zu Kunden aufgebaut haben, versuchen wir die Bücher zu finden, die sie mögen werden.«

Genau das macht den Dorset Bookshop so beliebt. Man meint, zu einem exquisiten Buchclub zu gehören. Schon die Regale durchzusehen ist stimulierend, ein erhebendes Gefühl. Man entdeckt Bücher, an die man nicht im Entferntesten gedacht hat. Natürlich geht alles viel langsamer, man kann Stunden hier verbringen, aber so wird Einkaufen zum Erlebnis und nicht zur Pflicht.

SHIRE
The Austin Seven

DAS LEBEN AUF DEM LAND GEHT WEITER, AUCH WENN DAS Wetter kälter und unangenehmer wird. Wir fanden Mark Williams, hüfthoch in einem zwei Meilen langen Abschnitt des Flusses Rother stehen, den er für das Anwesen Cowdray Estate in West Sussex betreut. Er versuchte sein Glück beim Äschenfang. Geduldig setzte er die Fliegenköder an seine Rute, die er mit gekonnter Grazie schwang. Seit 38 Jahren wohnt er auf dem Anwesen, immer im gleichen Haus. Er kennt den Fluss wie kein anderer, er kennt auch die Eisvögel, Reiher und Teichhühner, mit denen er sich das Gewässer teilt. »Ich liebe es immer noch«, sagt er. »Ich brauche keinen Fisch zu fangen. Es geht nur darum, hier zu sein.«

Jagen und Fischen locken den Menschen an Wintertagen nach draußen, wenn die meisten im Haus bleiben. Natürlich ist es hilfreich, eine komfortable Unterkunft in der Nähe zu haben, wie etwa das alte Jagdhaus in Martindale, bekannt als »The Bungalow«. Spartanisch kann man es nicht nennen, wurde es doch vor einem Jahrhundert für einen Jagdaufenthalt Kaiser Wilhelms II. gebaut. Aber es ist im besten Sinne funktional, ein Platz der Wärme, Gemütlichkeit und Sicherheit inmitten der Bergwelt von Cumbria.

PARS
MAXIMUM
RETAIL PRICES OF MEAT
J.&M. PARSONS
SHERBORNE
PHONE 71

PARSONS
PUSH
BLACKMORE VALE
MILK
AVAILABLE HERE

IN MEINER METZGEREI AM ORT stellt Peter Baker, dessen Familie das Geschäft seit 150 Jahren betreibt, zu Weihnachten stets zusätzliches Personal ein. »Glücklicherweise sind alle meine Kinder, Neffen und Nichten, sodass wir keinen Lohn zahlen müssen«, sagt Peter. Sein Bruder Richard ist Partner im Unternehmen. Ihr Name taucht nicht im Firmennamen J & M Parsons auf, da dieser auf die mütterliche Familie zurückgeht. Seit der Gründung ist der kleine Maßstab und familiäre Gedanke erhalten geblieben. Die Bakers kaufen ihr Fleisch bei Bauern in der Region und schlachten auf deren Höfen. »In den meisten Fällen,« sagt Peter, »könnte ich mir vorstellen, dass schon ihre Großväter mit meinem Großvater Geschäfte gemacht haben.« Es sei hart, mit den Preisen der Supermärkte zu konkurrieren, aber viele Menschen schätzen das persönliche Verhältnis, besonders zu speziellen Anlässen. Sie hatten gerade 500 frische Puten bestellt und erwarteten ein hektisches Weihnachtsgeschäft. »Wir florieren nicht gerade«, sagt Peter, »aber uns geht es gut genug.«

Die Brüder lernten ihr Handwerk von ihrem Vater, der es wiederum von seinem Vater erlernte. Ob sie glauben, ihre Erfahrungen an die nächste Generation in der Familie weitergeben zu können? »Es sieht gerade nicht danach aus. Es sei denn, sie werden aus der Universität geworfen. Man weiß nie, was geschieht. Aber schön wäre es, wenn man das, was man weiß, an jemanden weiterreichen kann.«

ES GIBT GUTE GRÜNDE, DRAUSSEN ZU SEIN, wenn es dunkel und kalt ist und die Tage kurz sind. Es gibt Halloween-Feiern und Adventssingen, aber mein Favorit ist die Bonfire Night. In der Erinnerung an einen vereitelten Anschlag auf den König Jakob I. im Jahr 1605 liegt unglaublich viel Gefühl, angefacht durch den Geruch verbrannten Holzes. Leider nimmt der Brauch ab. Das Verbrennen des Attentäters wird als sektiererisch missbilligt, die Gesundheits- und Sicherheitsfanatiker verteufeln selbst die harmlose Wunderkerze. Wenn wir unsere Kinder vor der geringsten Gefahr beschützen wollen, was bleibt dann noch von ihrer Kindheit? Mit diesem Fackelzug ginge auch ein Teil unserer gemeinsamen Erinnerung verloren. In Willisham liefen dem einen mehr, dem andern weniger Schauer über den Rücken, als der kostümierte Attentäter von den Flammen verschlungen wurde. Ein Junge fragte seine Mutter nach der Geschichte des Rituals. »Ich weiß nicht genau«, sagte sie.

IN EINEM WALD NAHE FERNDOWN IN SURREY fanden wir ein Pfadfinderlager. Mir fällt kaum eine unmodernere Bewegung ein – aber auch keine, die mehr den Charakter formt. Es geht dabei nicht um Uniformen oder altmodische Spiele und Lieder. Wichtig ist, dass die Kinder existenzielle, menschliche Verhaltensweisen erfahren. Sie lernen, unter freiem Himmel zu schlafen, sich Essen am Lagerfeuer zuzubereiten, die Natur zu respektieren und gefährliche Dinge sicher zu überstehen. Alle, die Pfadfinder belächeln, kennen die Freiheit nicht, die diese Kinder erleben. Manche Eltern würden beim Anblick erzittern, wenn ihre Kinder mit schmutzigen Stöcken ihr Essen zubereiten. Ich wünschte mir, dass sie ihr Kind einmal sehen, wie es mit interessiertem, angespanntem Gesicht bei der Sache ist.

ES IST BEDAUERNSWERT, MIT WELCHEM EIFER WIR Unannehmlichkeiten und gefährliche Dinge aus unserem Leben fernhalten wollen. Damit nehmen wir dem Leben viel Farbe. Seltsame alte Bräuche entgleiten uns, Verbindungen in die Vergangenheit werden gekappt. So wird das Leben zwar berechenbarer und sicherer, aber auch gleichförmiger.

Glücklicherweise hat mir meine Fahrt durch das englische Hinterland gezeigt, dass es dort nach wie vor chaotischer zugeht, als uns Gesundheits- und Sicherheitsjournalisten empfehlen. Es gibt leider Orte, an denen Eigentümlichkeiten und Traditionen bereits ausgestorben sind. Aber der Charakter des Individuellen, Regionstypischen, Unvorhersehbaren und Vielschichtigen herrscht überall.

Jeder hat eine etwas andere Vorstellung vom Traum des Lebens auf dem Land. Für Marwood Yeatman steht die authentische Nahrungserzeugung im Vordergrund, für Andrew Dodge die Hühner. Bei Tim Hurt dreht sich alles um die Töpferei, Rupert und Jane Grey leben in einer extrem natürlichen, traditionellen Weise, Gordon Newton lebt für den

Morris-Tanz, Felicity Irons für die Simsen. Bei der Monies-Familie stehen Farm und Familie an erster Stelle, bei Richard Penney die Austern und bei Nell Gifford der Zirkus. Sie alle machen, was sie lieben. Sie hatten einen Traum und verfolgten ihn, wie Isabel und Julian Bannerman. Sie leben in einem restaurierten mittelalterlichen Herrenhaus am Rand von Bristol und sind bekannt für ihren extravaganten, erfindungsreichen Garten. Ihre Fantasie wird auch im Innern des Hauses sichtbar, das geradezu eklektisch überschwemmt ist von einem Wust an Objekten. »Wir sind sammelwütig«, sagt Isabel. »Schon bevor wir uns trafen, hatten wir massenhaft Krimskrams angehäuft.« Seit 15 Jahren leben sie in dem Haus und sie haben es gerade einmal bewohnbar gemacht. »Der Garten kommt immer zuerst. Wir hoffen, ihn bald der Öffentlichkeit zugänglich zu machen, sodass wir es uns leisten können, hier zu bleiben. Für das Haus hatten wir nie eine tolle Vision. Wir halten es im Vorbeigehen in Ordnung.«

EL DIA DE
SANTA TATIANA
CONGRESO

Die große Halle ist geschmückt mit Geweihen (»ich habe viele bei eBay ersteigert«) und der Kamin in der Bibliothek basiert auf einer alten Orgel.

In der Halle sind zerschundene Gewänder der sudanesischen Mahdi-Armee ausgestellt, die sie 1898 in der Schlacht von Omdurman trugen und per Container nach Edinburgh kamen. Verschiedene Gemälde an den Wänden sind herausgerissene Buchseiten. »Alles ist angeschlagen oder zerbrochen«, sagt Isabel. »Das meiste ist der reinste Ramsch.« Aber die Wirkung ist ganz besonders, man wandert durch das Haus wie durch ein Warenhaus voller Tand, ohne zu wissen, was einen als Nächstes fasziniert. Auf einem Tisch steht etwas, das nach einem Stück moderner Kunst aussieht. Es ist eine Metallkugel, kunstvoll gealtert, von einem Riss durchzogen, der dieser Kugel ein schiefes Grinsen verleiht. Dann stellt sich heraus, dass der britische Architekt Sir Christopher Wren mit diesem vergoldeten Ball die Christ Church in Oxford krönte. In den 1950er Jahren wurde der Turm restauriert und eine neue Kugel aufgesetzt. Die alte, gebrochene und vom Wetter gezeichnete wurde abgenommen und fand zufällig ihren Weg in Bannermans Schatzkiste.

Mittelalterliche Formen an der Wand dahinter sind ebenfalls Fundstücke aus Oxford. Isabel fand sie bei einem Altwarenhändler.

Es ist hier alles andere als großartig, jedoch überaus charmant, und Isabel versucht die Dinge erst gar nicht als Kunst zu beschreiben, vielmehr als Sammlung von Zufälligkeiten. Dahinter steckt viel Feingefühl und mühevolle Restaurierungsarbeit. Die Einrichtung dieses Landhauses ist mehr ein Zeichen nicht einzudämmender Geschmacksvielfalt der Eigentümer, als die Idee eines Designers. Es ist authentisch, ein wirkliches Landhaus der Fantasie mit der Atmosphäre eines tatsächlichen Zuhauses. Es ist zweifellos ein Ort, in dem gelebt wird.

Schauen Sie sich die glimmende Feuerstelle auf der nächsten Doppelseite an. Wer möchte nicht vor einem solchen Feuer sitzen? Es ist keinesfalls grandios, aber die Holzscheite glühen genauso gemächlich vor sich hin, die Asche legt sich genauso als fahler Staub nieder und die Flammen verströmen die gleiche, lebendige Wärme wie ein grandioses Kaminfeuer. Von einem sorgsam positionierten Lehnstuhl lässt sich hier gemütlich in die Flammen und die eigenen Träume blicken.

AUF EINEM MEINER LETZTEN STATIONEN LANdete ich bei einem Rugbyclub am Rand von Sherborne. Die Farblosigkeit des Vereinshauses war von einer bunten Weihnachtsdekoration und lebendigen Menschen verbannt worden.

Es war die Nacht der jährlichen Revue. Keine glamouröse oder raffinierte Show erwartete mich, es war alles nur zum Schreien komisch. Sketche, Lieder und Tänze rissen die Menschen mit und endeten in einer Nummer, die auf dem Musical »The Sound of Music« beruht. Frauen und Männer im Publikum waren wie halluziniert, als die rauesten Gesellen in Dorset als Kinder der Trapp-Familie oder als singende Nonne auf die Bühne kamen. Wohl kaum einer strebt eine Karriere als Schauspieler an, aber für die gemeinschaftliche Freude waren dies unschlagbare Momente.

STELLA ARTOIS

»Wir machen das schon seit Jahren«, erklärt Mike Burks, der ein Gartencenter leitet, als Ersatzstürmer in der Rugbymannschaft spielt und viele Stücke geschrieben hat. »Mal ist es Revue, mal Pantomime. Sherborne ist ein kleiner Verein, und wir nehmen den sozialen Aspekt sehr ernst. Es braucht Überzeugungskraft, jemanden zum Mitmachen zu überreden, aber plötzlich sind manche wie angestochen. Nicht selten lassen sich die stillen Gemüter am meisten gehen, und das kann sehr, sehr lustig sein.«

Der Abend war erhebend, eine Explosion an Fröhlichkeit. Obwohl nichts offenkundig Traditionelles daran war, schien man die alte, ländliche Tradition von Gutmütigkeit und gemeinsamem gutem Willen zu entfachen. Gerade deswegen kann das Hinterland im Winter lebendiger wirken als zu der Zeit, wenn die Blumen blühen. In den kalten Monaten braucht man die Wärme des anderen.

In stolzen Herrenhäusern und kleinen Landhäusern, Marktgemeinden und versteckten Weilern kommen die Menschen schließlich zu Weihnachten zusammen. Geschenke werden eingepackt oder auch nicht, Mahlzeiten werden vorbereitet, gekocht und gegessen. Alte Freunde und Verwandte treffen sich, immer wird zu viel gegessen und getrunken. Rituale, wie das Aufsetzen von Papierhüten oder das Anzünden des Feuers zum Weihnachtspudding, verbinden mit dem Geist der Weihnachtsgeschichte. Das taten wir im vergangenen Jahr, das taten wir in jungen Jahren, das taten unsere Eltern und Großeltern. Und das werden wir im nächsten Jahr wieder machen. Wir danken für die guten Dinge im Leben. Es geht um Familie und Freunde, um die Feier des Lebens.

NACHWORT

Ich schloss meine Reise voller Hoffnung ab, dankbar für den Reichtum unseres Landes, für die Vielfalt der Landschaft, der Menschen, der Häuser und der Geschichte. Dankbar für die Natur. Wenn ich an mein Jahr der Entdeckungen zurückdenke, fällt mir das Bild eines perfekten Morgens ein, wenn halb England vor mir zu liegen und unter dem silbernen Laken der Morgendämmerung zu schlafen schien. So soll das Land sein, so natürlich und unberührt wie zu Shakespeares oder Chaucers Zeiten.

Die Vorstellung von einer Landschaft, die sich nicht verändert, ist absurd. Über Jahrhunderte hinweg ist sie im Wandel und wird sich weiter verändern. Meine Hoffnung ist, dass wir uns bei allem Vorwärtsstreben der einfachen Dinge bewusst werden, die das Hinterland zu bieten hat und dass wir sie schützen, für uns selbst und künftige Generationen. Es ist schon viel in Vergessenheit geraten, aber noch vieles durch das Erkennen, das Feiern und den Schutz unseres Erbes zu erhalten.

DANK

Der Autor möchte folgenden Personen und Institutionen danken: Andy der Reisende; Richard Askwith; Tante Mary und Onkel Bob; die Bannermans; Jake Barrett; Mary Bell und Familie; Blackmore & Vale Hunt; Bob und Linda vom »Kings Head« und alle, die dort hingehen; Sally Brampton; Mike Burks und dem Sherborne Rugby Club; Buster, Quincy und Frankie; Butley Orford Oysterage; James Campbell und Scott Richards; Harold und Tess Carter; Dr. Simon Cave und Colonel; Jonathan Cristie; Caroline Conran; Ned Conran und Familie; Kevin und Denny Cook; Ehepaar Cottrell-Dormer; Lorraine Dickey; Andrew Dodge; die Doggrell-Jungen; Thomas Faulkner, Tim Fowle und die anderen »Ducks«; Giffords Zirkus; Karin Grainger; Rupert und Jan Grey; Robert und Jane Hasell-McCosh; Tim Hurn; Edward und Jane Hurst; Felicity Irons; Barbara Lake; Dante Leonelli; Sybella Marlow; Anne Misselbrook; Bridget Monies und ihrer Familie auf der Tremelda Farm; Andrew Montgomery; Jenny Montgomery; James Moriarty; Trish O'Hara; die Parsons-Metzger; Pateley Bridge Süßigkeiten; Lord und Lady Sandwich; Judith und Ray Solsby; die Schornsteinfeger; Patricia Thompson; Keith und Gloria Tordoff; Mark Williams; Andrew, Ruth und Georgie Wilson; Eileen Wilson; Wilton Hunt; Marwood und Anya Yeatman.

ISBN 978-3-8094-4500-5

1. Auflage

Aus dem Englischen übersetzt von Stefan Leppert, Münster

Die Originalausgabe erschien erstmals in Großbritannien 2010 unter dem Titel *Conran on Country* bei Conran, einem Imprint der Octopus Publishing Group Ltd, Carmelite House, 50 Victoria Embankment, London EC4Y 0DZ

Projektleitung dieser Ausgabe: Martha Sprenger
Umschlaggestaltung: Monika Pitterle
Satz der deutschen Ausgabe: Boer Verlagsservice, Grafrath
Herstellung dieser Ausgabe: Timo Wenda

Penguin Random House Verlagsgruppe FSC® N001967

MIX
Papier aus verantwortungsvollen Quellen
FSC® C106600

Druck und Bindung: DZS Grafik d.o.o., Ljubljana
Printed in Slovenia

430038050211